AF368857

GÉOGRAPHIE ÉLÉMENTAIRE

VERSAILLES

IMPRIMERIE CERF ET FILS

59, RUE DUPLESSIS.

GÉOGRAPHIE

ÉLÉMENTAIRE

PAR

L. DUSSIEUX

Professeur honoraire à l'École militaire de Saint-Cyr,
chevalier de la Légion d'honneur, officier de l'Instruction publique

---

NEUVIÈME ÉDITION

LIBRAIRIE JACQUES LECOFFRE

LECOFFRE FILS ET CIE, SUCCESSEURS

PARIS | **LYON**
90, RUE BONAPARTE, 90 | 2, RUE BELLECOUR, 2

1877

GÉOGRAPHIE

ÉLÉMENTAIRE

PREMIÈRE PARTIE

EXPLICATION DES TERMES
DIVISIONS PRINCIPALES DU GLOBE ET DE L'EUROPE

CHAPITRE PREMIER

DÉFINITIONS

§ 1. — EXPLICATION DES TERMES.

1. Géographie. Le mot *géographie* vient du grec, et veut dire *description de la terre*.

On divise la géographie en deux parties, qui sont :

La géographie physique,
La géographie politique.

2. Géographie physique. On appelle *géographie*

physique la description du sol, des montagnes, des fleuves et des mers.

On divise la **géographie physique** en deux parties, qui sont :

L'orographie, ou description des montagnes ;
L'hydrographie, ou description des fleuves et des mers.

3. Géographie politique. On appelle *géographie politique* la description des Etats, l'étude de leur situation, de leurs divisions et de leurs villes.

4. Montagnes et vallées. La surface des continents n'est pas plate ; elle se compose, au contraire, de parties saillantes ou en relief, et de parties basses ou déprimées.

On désigne sous le nom de *montagnes* les parties saillantes de la surface de la terre ; on appelle *vallées* les parties déprimées de la surface de la terre.

Toutes les élévations qui sont à la surface de la terre n'ont pas la même hauteur ; les plus hautes s'appellent *montagnes* ; les moins hautes s'appellent *collines* ou *coteaux*.

5. Chaînes de montagnes. Rarement les montagnes sont isolées ; elles couvrent ordinairement une certaine étendue de pays : ce sont ces suites de terres élevées qu'on appelle *chaînes de montagnes*.

Ex. : *En France*, la chaîne des Pyrénées, la chaîne des Cévennes, la chaîne du Jura ;
En Asie, la chaîne des monts Himalaya, la plus haute du globe ;
En Amérique, la chaîne des monts Rocheux et la Cordillère des Andes ;
En Afrique, la chaîne de l'Atlas.

6. Plateau. On appelle *plateau* un pays élevé, et qui domine les contrées d'alentour.

Ex. : *En France*, le plateau d'Auvergne ;

       En Asie, le grand plateau central, le plateau de l'Iran, le plateau du Dékan, le plateau d'Arabie ;

       En Afrique, les plateaux de la Cafrerie et d'Abyssinie ;

       En Amérique, le plateau de Bolivie.

7. Altitude. L'*altitude*, ou la hauteur d'un lieu ou d'une montagne, est sa hauteur au-dessus du niveau de la mer.

Les plus hautes montagnes du globe sont :

       En Asie, les monts Himalaya, dont l'un des sommets, le mont Everest, atteint 8800 mètres ;

       En Amérique, le pic de Sorata, dans les Andes, dont la hauteur est de 7700 mètres ;

       En Afrique, le mont Kilimandjaro, dans le Zanguebar, dont la hauteur est de 6200 mètres ;

       Dans l'Océanie, le volcan appelé le Gounong-Benko, dans l'île de Sumatra, dont l'altitude est de 5000 mètres ;

       En Europe, le mont Blanc, dans les Alpes, qui a 4800 mètres ; — le mont Néthou, dans les Pyrénées, haut de 3400 mètres.

Dans les collines, les points culminants ou les plus élevés ont de 300 à 500 mètres.

8. Contre-forts. On appelle *contre-forts* les chaînons ou chaînes qui se détachent d'une chaîne principale.

Ex. : Les Pyrénées ont pour contre-forts :

       Les Corbières,
       Les monts du Bigorre,   }   en France ;

    Les Alpes ont pour contre-forts :

       Les Alpes de Provence,
       Les Alpes du Dauphiné,   }   en France ;

       Les Alpes Algaviennes,
       Les Alpes Bernoises,   }   en Suisse ;

Les Alpes Noriques, en Autriche ;
Les Alpes de la Valteline, en Italie.

9. Système de montagnes. On appelle *système de montagnes* l'ensemble des montagnes formé par la chaîne principale et par ses contre-forts.

Ex. : Le système des Alpes ;
Le système des Cévennes ;
Le système des Pyrénées ;
Le système du Jura.

10. Nœud. On appelle *nœud* le point où plusieurs chaînes se réunissent.

Ex. : Le ballon d'Alsace est le nœud où se réunissent les
Vosges et les monts Faucilles ;
Le pic de Corlitte est le nœud où se réunissent les
Pyrénées et les Corbières.

11. Faîte, versant, pied. On distingue dans une chaîne de montagnes le faîte, le versant ou les flancs, et le pied.

Le *faîte* est la partie la plus élevée ; les *versants* ou les *flancs* sont compris entre le faîte et le pied ; le *pied* de la montagne est la partie où la chaîne commence à s'élever dans la plaine.

Le faîte d'une montagne est quelquefois large et couvert de plateaux.

Ex. : Le faîte de l'Atlas, en Algérie ;
Le faîte des Dofrines, en Norvége.

Le plus souvent le faîte d'une chaîne est étroit et couvert de sommets isolés et élevés.

Ce sont ces sommets qu'on appelle, suivant leurs diverses formes :

Pics ; ex. : le pic de Corlitte, dans les Pyrénées ; le
pic de Ténériffe, dans les îles Canaries, en
Afrique ;
Dent ; ex. : la dent de Vaulion, en Suisse ;

Cylindre ; ex. : le cylindre de Marboré, dans les Py-
rénées ;
Ballon ; ex. : le ballon d'Alsace dans les Vosges ;
Puy ; ex. : le puy de Dôme, en Auvergne.

12. Cols et défilés. Entre les sommets élevés qui
surmontent la crête de la chaîne, il y a des dépressions, c'est-à-dire des parties basses qui servent de
passage pour franchir la chaîne ; ces dépressions portent en général le nom de *cols.*

Ex. : Col de Valdieu, entre le Jura et les Vosges ;
Col de Pertus, dans les Pyrénées orientales ;
Col du mont Cenis,
Col du mont Genèvre, } dans les Alpes.
Col du Simplon,

On appelle encore les cols :

Défilé ; ex. : le défilé des Thermopyles, en Grèce;
Gorges ; ex. : les gorges d'Abrantès, en Portugal ;
les gorges d'Ollioules, dans le département du
Var ;
Port ; ex. : le port de Roncevaux, dans les Py-
rénées ;
Portes ; ex. : les portes de Fer, en Algérie.
Pas ; ex. : le pas de Suze, en Italie.

13. Volcan, cratère. On nomme *volcan* toute
montagne par laquelle s'échappent des laves, des cen-
dres et des gaz ; l'orifice par lequel se font les éruptions volcaniques s'appelle *cratère.* Les principaux volcans sont :

En Europe, l'Etna, en Sicile,
le Vésuve, en Italie,
l'Hécla, en Islande ;

Dans l'Amérique méridionale, { le Cotopaxi,
le Pichincha ;

En Afrique, le pic de Ténériffe.

1.

On appelle *volcans éteints* d'anciens volcans dont les éruptions ont cessé depuis longtemps.

Ex. : Les volcans éteints de l'Auvergne.

14. Plaine. On appelle *plaine* une certaine étendue de pays plus ou moins grande, dont la surface est à peu près horizontale et ne présente que de légères ondulations.

Les plaines sont grandes ou petites, fertiles ou stériles.

Ex. : Les plaines de la Beauce, célèbres par leur fertilité ;
Les plaines désertes du Sahara, en Afrique ;
La grande plaine du Nord de l'Europe, qui commence en Normandie, comprend la Belgique, la Hollande, tout le Nord de l'Allemagne et toute la Russie ;
Les plaines immenses de la Sibérie, en Asie, et les prairies du bassin du Mississipi, en Amérique.

15. Fleuve. On appelle *fleuve* un grand cours d'eau qui se jette dans la mer.

Les plus grands fleuves sont :

Le Mississipi,	5200 kilomètres ;
Le Nil,	5000 kilomètres ;
Les Amazones,	4900 kilomètres ;
Le Yang-tse-kiang,	4500 kilomètres.

Nos fleuves de France sont beaucoup plus petits : ainsi la Loire n'a que 980 kilomètres ; la Seine, 800 kilomètres ; le Rhône, 840 kilomètres.

Le Volga, en Russie, est le plus grand des fleuves de l'Europe ; sa longueur est de 3800 kilomètres ; le Danube a 2800 kilomètres, et le Rhin, 1350 kilomètres.

16. Rivière. On appelle *rivière* un cours d'eau moins étendu qu'un fleuve, qui se jette dans la mer ou dans un fleuve.

On appelle aussi *affluent* une rivière qui se jette dans un fleuve.

> La Somme, l'Orne et la Charente sont des rivières qui se jettent dans la mer.
>
> La Marne, l'Oise, l'Yonne et l'Eure sont des rivières qui se jettent dans la Seine. On dit aussi que ce sont les affluents de la Seine.

17. Ruisseau, torrent. On appelle *ruisseau* un petit cours d'eau ; le ruisseau prend le nom de *torrent*, en pays de montagnes. Les torrents coulent dans des *ravins*; pendant la saison des pluies, leur rapidité est très-grande, et leurs inondations sont redoutables.

Les ruisseaux et les torrents, en se réunissant, forment les rivières et les fleuves.

18. Lit, thalweg, rive droite et rive gauche d'un fleuve et d'une rivière. On appelle *lit d'un fleuve* l'espèce de fossé dans lequel il coule. — Le *thalweg* (1) est la partie la plus creuse du lit d'un fleuve. — La rive d'un fleuve qui se trouve à la droite de celui qui descend ce fleuve en bateau est la *rive droite* ; la *rive gauche* est à sa gauche. L'inverse a lieu lorsqu'on remonte ce fleuve.

19. Embouchure, confluent, bouohes, delta, estuaire. On appelle *embouchure* d'un fleuve l'endroit où ce fleuve se jette dans la mer.

Ex. : L'embouchure de la Seine.

On appelle *confluent* l'endroit où une rivière se jette dans un fleuve.

Ex. : Le confluent de la Saône.

Lorsqu'un fleuve se jette dans la mer par plusieurs embouchures, on les appelle *bouches*.

---

(1) Thalweg est un mot allemand qui veut dire *chemin de la vallée*.

Ex. : Les bouches du Rhône, du Pô, du Nil, du Gange, du Mississipi.

Le pays qui est situé entre les diverses embouchures d'un fleuve est appelé *delta*.

Ex. : Delta du Rhône, du Pô, du Nil, du Gange, du Mississipi.

Lorsque l'embouchure d'un fleuve est longue et large, on l'appelle *estuaire*.

Ex. : Estuaire du Saint-Laurent, dans l'Amérique du Nord ;
Estuaire de la Plata, dans l'Amérique du Sud ;
Estuaire de la Tamise, en Angleterre ;
Estuaire de l'Elbe, en Allemagne ;
Estuaire de la Gironde, en France.

20. Au-dessus, au-dessous, en amont, en aval. On dit, en parlant d'une ville située sur une rivière, qu'elle est *au-dessus d'une autre ville* située sur cette même rivière, lorsqu'elle est plus près de la source ; on dit qu'elle est *au-dessous*, lorsqu'elle est plus près de l'embouchure.

Ex. : Paris est au-dessus de Rouen ;
Rouen est au-dessous de Paris ;
Le Havre est au-dessous de Rouen.

En amont (1) veut dire la même chose que *au-dessus*.
En aval veut dire la même chose que *au-dessous*.

Ex. : Paris est en amont de Rouen ;
Rouen est en aval de Paris.

21. Versant. On appelle *versant* une grande étendue de pays inclinée vers une mer, et dont tous les fleuves se jettent dans cette mer.

---

(1) *Ad montem*, du côté de la montagne ; *ad vallem,* du côté de la vallée.

Toujours un versant est adossé à un autre versant, qui a naturellement une pente opposée à celle du premier.

Ex. : En Amérique, le versant de l'océan Atlantique comprend toute la partie de l'Amérique inclinée vers l'Atlantique et arrosée par les affluents de l'Atlantique, qui sont : le Saint-Laurent, le Mississipi, l'Orénoque, le fleuve des Amazones et le Rio de la Plata.

22. Ligne de partage d'eaux. On appelle *ligne de partage d'eaux* l'intersection de deux versants, c'est-à-dire la ligne élevée qui est à la séparation de ces deux plans inclinés (1). Ce sont des montagnes, des collines ou des plateaux qui forment ces lignes de partage d'eaux.

23. Bassin. On appelle *bassin d'un fleuve* le pays arrosé par ce fleuve et par tous ses affluents.

Ex. : Le bassin de la Seine est le pays arrosé par la Seine et par ses affluents : l'Oise, la Marne, l'Aube, l'Yonne et l'Eure.

La *ceinture d'un bassin* est la ligne de hauteurs qui sépare ce bassin des bassins voisins.

24. Canal. Un *canal* est une rivière artificielle creusée de main d'homme, et qui est destinée à réunir deux rivières ou deux mers.

Ex. : Le canal de l'Est, entre le Rhône et le Rhin, unit ces deux fleuves, et par suite la Méditerranée à la mer du Nord ;
Le canal du Midi unit l'Océan à la Méditerranée.

---

(1) Une démonstration figurée est nécessaire pour faire voir aux élèves ce que c'est que les versants et la ligne de partage d'eaux, avec un livre on peut très-bien la faire.

On appelle *canal latéral* un canal qui suit latéralement une rivière dont la navigation est difficile.

Ex. : Canal latéral à la Loire.

On a aussi canalisé des rivières, pour améliorer leur navigation.

Ex. : L'Oise canalisée ;
La Marne canalisée.

25. Lac, étang, marais, lagune. On appelle *lac* une grande masse d'eau douce.

> Les plus grands lacs se trouvent en Amérique : ce sont les lacs Supérieur, Huron, Michigan, Erié et Ontario.
> Les plus grands lacs de l'Europe se trouvent en Russie : ce sont les lacs Ladoga et Onéga.
> Les lacs de la Suisse et de l'Italie sont célèbres par la beauté de leurs paysages : ce sont les lacs de Genève, de Neufchâtel, de Lucerne, de Zurich, de Constance, en Suisse ; les lacs Majeur, de Côme et de Garde, en Italie.

On appelle *étang* un petit lac.

Les *marais* sont des espaces de terrains couverts d'eaux sans écoulement. Les marais sont peu profonds, remplis d'herbes, et sont une puissante cause d'insalubrité.

Les *lagunes* sont des étangs d'eau salée qui se trouvent le long de la mer, dont ils sont séparés par des bandes de terres longues et étroites appelées *flèches*.

Ex. : Les lagunes de Venise, } en Italie ;
Les lagunes de Comacchio, }
L'étang de Thau, en France ;
La mer Putride, en Crimée ;
La flèche d'Arabat, en Crimée.

26. Déserts, steppes, oasis. Le nom de *déserts* s'applique à de vastes espaces privés d'eau, stériles et inhabités.

La surface des continents présente une très-grande étendue de déserts. Les principaux sont :

> Le Sahara, *en Afrique* ;
> Le désert de Cobi, *en Asie* ;
> Les toundras de Sibérie, vastes espaces marécageux, *en Asie.*

La plupart des déserts, comme le Sahara et le désert de Cobi, sont sablonneux ; ce sont d'anciennes mers desséchées. On n'y trouve point d'eau douce, point de végétation : il n'y a rien que du sable. Çà et là cependant, on y rencontre des *oasis*, c'est-à-dire un petit espace dans lequel il y a une source, un filet d'eau et un peu de végétation. C'est dans les oasis qu'habitent les tribus peu nombreuses que l'on rencontre dans les déserts.

On appelle *steppes* de vastes espaces incultes et non susceptibles de culture ; les steppes sont peuplées par quelques tribus nomades ; elles sont pourvues d'eau et ont une végétation herbacée qui sert à nourrir les troupeaux.

Les steppes couvrent d'immenses espaces sur les continents ; les principales sont :

> Le Kalahari, dans l'Afrique australe ;
> Les savanes et les pampas de l'Amérique du Sud ;
> Les solitudes immenses de la Nouvelle-Bretagne, dans l'Amérique du Nord ;
> Les grandes prairies à l'Ouest du Mississipi ;
> Les steppes du centre de l'Australie.

> Il n'y a pas en Europe de vastes déserts comme en Asie et en Afrique ; on y trouve cependant les steppes de la Russie méridionale. En France, il y a les steppes des Landes, de la Camargue et de la Crau.

27. Continent. On appelle *continent* une grande terre entourée d'eau de toutes parts.

Il y a trois continents :

L'ancien, qui comprend { l'Asie,
l'Europe,
l'Afrique ;
Le nouveau qui comprend l'Amérique ;
L'Australie, dans l'Océanie.

28. Ile. On appelle *île* une terre environnée d'eau de tous les côtés.

Les plus grandes îles sont :

Dans l'Océanie, { Bornéo,
la Nouvelle-Guinée,
Sumatra et Java ;
Madagascar. en Afrique ;
Niphon (1), en Asie ;
Terre-Neuve,
Cuba et Haïti, } en Amérique ;
L'Angleterre, en Europe.

29. Archipel. Un groupe d'îles s'appelle *archipel*.

Ex. : Archipel des Antilles ou des Indes occidentales, en Amérique ;
Archipel des Cyclades, en Grèce ;
Archipel des Grandes-Indes ou de la Malaisie, dans l'Océanie.

30. Presqu'île, péninsule, isthme. On appelle *presqu'île* une île qui se rattache au continent par un isthme.

Un *isthme* est donc la partie de terre qui joint une presqu'île au continent.

Ex. : La presqu'île de Morée est jointe à la Grèce par l'isthme de Corinthe ;
La presqu'île de Crimée est jointe à la Russie par l'isthme de Pérécop ;
L'Afrique est réunie à l'Asie par l'isthme de Suez ;
L'Amérique du Sud est jointe à l'Amérique du Nord par l'isthme de Panama.

---

(1) Prononcez Nipon.

Lorsque la presqu'île se rattache au continent par une base large, non plus par un isthme étroit, on lui donne plus généralement le nom de *péninsule*.

Ex. : La péninsule espagnole ;
La péninsule italienne ;
La péninsule gréco-turque (Turquie d'Europe) ;
La péninsule scandinave ;
La péninsule arabique ;
La péninsule de l'Hindoustan.

31. Côtes, littoral. On appelle *côtes* ou *littoral* la partie des terres qui est baignée par la mer.

Ex. : Les côtes ou le littoral de la France sur la Manche.

32. Cap, promontoire, pointe. On appelle *cap* ou *pointe*, et quelquefois *promontoire*, l'extrémité d'une terre qui s'avance dans la mer.

Ex. : Le cap Horn, à l'extrémité sud de l'Amérique méridionale :
Le cap de Bonne-Espérance. au Sud de l'Afrique :
Le cap Nord, au Nord de l'Europe ;
La pointe de Saint-Matthieu, à l'Ouest de la France.

33. Océan. On appelle *océan* l'ensemble des mers qui couvrent les trois quarts du globe.

34. Mer. On appelle *mer* une partie de l'Océan.

Ex. : Mer des Indes ;
Mer des Antilles ;
Mer de Chine.

35. Mer intérieure. On donne le nom de *mer intérieure* à une mer qui est entièrement renfermée dans l'intérieur des terres, comme la mer Caspienne, ou à des mers qui ne communiquent avec d'autres mers que par des détroits.

Ex. : La Méditerranée ;
La mer Baltique ;

La mer Noire ;
La mer Adriatique.

36. Golfe, baie, rade. On appelle *golfe* ou *baie* une partie de la mer qui pénètre dans l'intérieur des terres.

Ex. : Le golfe Arabique ou mer Rouge, entre l'Asie et
    l'Afrique ;
    Le golfe Persique, en Asie ;
    Le golfe de Gascogne, en France ;
    La baie de la Somme, en France.

On appelle *rade* un petit golfe où les vaisseaux trouvent un abri contre les vents.

Ex. : La rade de Brest ;
    La rade de Toulon.

37. Détroit. On donne le nom de *détroit* à un bras de mer resserré, qui unit deux mers en séparant deux terres.

Ex. : Le détroit de Gibraltar unit la Méditerranée à l'o-
    céan Atlantique et sépare l'Espagne du Maroc ;
    Le détroit de Magellan unit l'océan Atlantique au
    Grand océan et est situé entre la Patagonie et la
    Terre de Feu.

Les détroits portent encore les noms de *canal*, *manche*, *pas*, *bouches*, *goulet*, *pertuis*, *phare*.

Ex. : Le canal des Dardanelles, dans la Turquie ;
    La manche de Tartarie, en Asie, entre la Mand-
    chourie et l'île de Tarrakaï ;
    Le pas de Calais, entre la France et l'Angleterre ;
    Les bouches de Bonifacio, entre la Corse et la Sar-
    daigne ;
    Le goulet de Fromentine, entre l'île de Noirmoutier
    et la France ;
    Le pertuis d'Antioche, entre les îles de Ré et d'O-
    leron ;
    Le phare de Messine, entre la Sicile et l'Italie.

§ 2. — NOTIONS SOMMAIRES SUR LA SPHÈRE.

38. Forme de la terre. La terre est ronde ; elle a la forme d'une boule ou d'une sphère.

39. Ses mouvements. Elle a deux mouvements : elle tourne sur elle-même en vingt-quatre heures, ce qui produit l'alternative des jours et des nuits ; — elle tourne autour du soleil en un an, ce qui produit l'alternative des saisons.

40. Axe. L'axe de la terre est la ligne qui passe par le centre de la terre et par les deux pôles.

41. Pôles. Les pôles sont les extrémités de l'axe. L'un est le pôle Nord, ou boréal ; l'autre est le pôle Sud, ou austral.

42. Points cardinaux. Les points cardinaux sont au nombre de quatre ; ils servent à indiquer la position relative des lieux sur la carte.

Le Nord, ou septentrion, est du côté du pôle Nord ;
Le Sud, ou midi, est du côté du pôle Sud ;
L'Est, ou orient, est à droite ;
L'Ouest, ou occident, est à gauche.

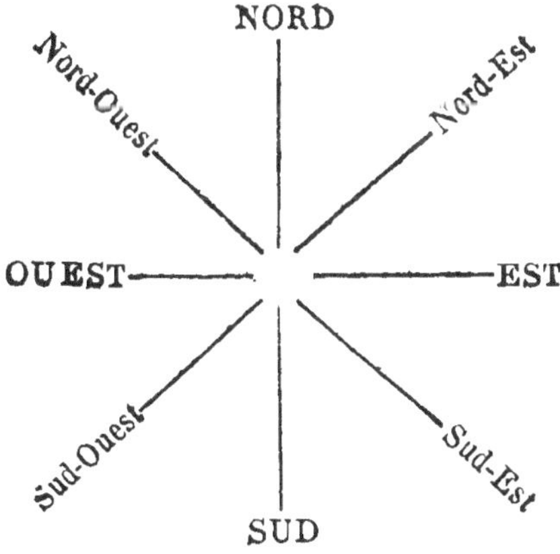

Les quatre points intermédiaires sont : le **Nord-Est**, le Sud-Est, le Sud-Ouest, et le Nord-Ouest.

43. Cercles de la sphère. Les cercles de la sphère, qui sont d'un usage continuel en géographie, sont : l'équateur, les parallèles et les méridiens.

44. Equateur. L'équateur est un cercle qui est à égale distance des deux pôles. — Il est marqué 0 sur les cartes.

45. Parallèles. Les parallèles sont des cercles parallèles à l'équateur ; on les chiffre de 1 à 90, en allant de l'équateur aux deux pôles.

Les *tropiques* et les *cercles polaires* sont aussi des parallèles. Il y a deux tropiques : le *tropique du Cancer*, qui est au Nord de l'équateur, et le *tropique du Capricorne*, qui est au Sud de l'équateur. — Le *cercle polaire boréal* est près du pôle Nord ; le *cercle polaire austral* est près du pôle Sud.

46. Méridiens. Les méridiens sont des cercles qui passent par les deux pôles. Le premier méridien est marqué 0 sur les cartes ; il passe par Paris. On les chiffre de 1 à 180, à l'Est du premier méridien, et de 1 à 180, à l'Ouest du premier méridien.

Ces différents cercles servent à indiquer la position exacte des lieux sur la carte. Les parallèles indiquent la latitude, et les méridiens la longitude.

47. Latitude. On appelle *latitude* la distance d'un lieu à l'équateur ; on l'exprime en degrés. On dit qu'une ville est à 30 degrés (1) de latitude Nord (lat. N.), si elle est placée sous le 30ᵉ parallèle au Nord de l'équateur.

On dit qu'elle est par 30° de latitude Sud (lat. S.), si elle est placée sous le 30ᵉ parallèle au Sud de l'équateur.

---

(1) On écrit 30°.

48. Longitude. On appelle *longitude* la distance d'un lieu au premier méridien. La longitude est orientale ou occidentale, et s'exprime aussi en degrés.

On dit qu'une ville est par 50° de longitude orientale (long. E.), si elle est sous le 50° méridien à l'Est du premier méridien, c'est-à-dire du méridien qui passe par Paris.

On dit qu'une ville est par 50° de longitude occidentale (long. O.), si elle est sous le 50° méridien à l'Ouest du premier méridien.

La position exacte d'un lieu est donc à l'intersection du parallèle et du méridien de ce lieu (1).

On détermine la latitude et la longitude d'un lieu par des observations astronomiques.

49. Zones. On divise la terre en cinq zones, qui sont :

> La zone glaciale boréale,
> La zone tempérée boréale,
> La zone torride,
> La zone tempérée australe,
> La zone glaciale australe.

Ces cinq zones diffèrent entre elles par leur climat, leur température, leurs saisons et leurs productions.

La *zone glaciale boréale* comprend tous les pays situés entre le pôle et le cercle polaire boréal.

La *zone tempérée boréale*, celle dans laquelle est située la France, est comprise entre le cercle polaire boréal et le tropique du Cancer.

La *zone torride* est comprise entre le tropique du Cancer et le tropique du Capricorne.

---

(1) Les élèves doivent faire une étude. sur la carte. de divers points qu'on leur fera chercher en leur donnant la latitude et la longitude, et en leur faisant prendre l'habitude de trouver sur la carte les numéros des degrés, qui sont marqués dans la bordure de la carte.

La *zone tempérée australe* est comprise entre le tropique du Capricorne et le cercle polaire austral.

La *zone glaciale australe* est comprise entre le cercle polaire austral et le pôle austral.

CHAPITRE II

GRANDES DIVISIONS DU GLOBE. LES RACES

---

§ 1. — DIVISIONS DU GLOBE.

50. Surface de la terre. La surface de la terre est de 510 millions de kilomètres carrés, dont les trois quarts sont couverts par l'océan.

> Sur cette immense étendue, la France ne comprend que 528,000 kilomètres carrés, c'est-à-dire seulement la 966e partie de tout le globe.

51. Les cinq parties du monde. On divise toutes les terres du globe en cinq grandes parties, qu'on appelle les *cinq parties* du monde.

Les cinq parties du monde sont :

L'Europe,
L'Asie,   } qui forment l'ancien continent ;
L'Afrique,
L'Amérique, ou nouveau continent ;
L'Océanie.

52. Population du globe. La population du globe est d'environ 1400 millions d'habitants.

Sur ce nombre, la France compte 36 millions et demi d'habitants, c'est-à-dire environ la 35ᵉ partie de la population du globe.

§ 2. — LES RACES.

53. Les races. Tous les peuples de la terre ont une même origine; cependant on les divise, d'après les différences physiques et les langues qu'ils parlent, en douze grandes familles ou races, qui sont :

La race hindo-européenne,
La race sémitique,   } type blanc ;
La race ibérienne,
La race scythique ou tartare,
La race chinoise,   } type jaune :
La race malaie,
La race éthiopienne,
La race nègre,
La race hottentote,   } type noir.
La race cafre,
La race des nègres océaniens,
La race américaine, se rattachant au type jaune.

54. Race hindo-européenne. La race hindo-européenne, la plus civilisée de toutes, comprend neuf grands peuples, dont quatre en Asie et cinq en Europe. Ces peuples sont :

En Asie : les Hindous ou Indiens,
          les Persans,
          les Afghans,
          les Arméniens ;
En Europe : les Français,
          les Allemands,
          les Slaves (Russes et Polonais),
          les Italiens,
          les Grecs.

55. Race sémitique. La race sémitique comprend les Arabes et les Juifs.

56. Race ibérienne. La race ibérienne comprend les Basques, les Espagnols et les Portugais.

57. Race scythique. La race scythique ou tartare comprend :

> Les Finnois dans le Nord-Est de l'Europe et en Sibérie ;
> Les Turks, en Europe et en Asie ;
> Les Mongols,
> Les Tongouses-Mandchoux, } en Asie.

58. Race chinoise. La race chinoise comprend :

> Les Chinois et les Japonais,
> Les Indo-Chinois, } en Asie.
> Les Thibétains,

59. Race malaie. La race malaie comprend :

> Les Malais, en Asie et dans l'Océanie ;
> Les Polynésiens, dans l'Océanie ;
> Les Hovas, à Madagascar.

60. Race éthiopienne. La race éthiopienne comprend :

> Les Barabras, dans la vallée du Nil ;
> Les Berbères, dans l'Afrique septentrionale ;
> Les Abyssins, en Abyssinie ;
> Les Gallas, au Sud de l'Abyssinie.

61. Race nègre. La race nègre peuple les parties de l'Afrique que l'on appelle le Soudan, la Guinée, le Congo et la Sénégambie.

62. Race hottentote et race cafre. La race hottentote et la race cafre sont aussi en Afrique, et peuplent le sud de cette partie du monde.

63. Nègres océaniens. Les nègres océaniens habitent l'Australie, tous les archipels de la Mélanésie et les hautes montagnes des îles de la Malaisie. — Toutes les races noires sont encore à l'état sauvage.

64. Race américaine. La race américaine comprend toutes les nations indigènes des deux Amériques.

CHAPITRE III

LES MERS

---

65. Grandes divisions de l'océan. On désigne sous le nom d'*océan* la masse d'eau salée qui couvre les trois quarts de la surface de la terre.

On divise l'océan en cinq grandes parties, qui sont :

L'océan Atlantique,
Le Grand océan,
La mer des Indes,
L'océan Glacial boréal,
L'océan Glacial austral.

66. Océan Atlantique. L'océan Atlantique est compris entre les deux cercles polaires, et entre l'Europe, l'Afrique et les deux Amériques.

Il forme diverses mers.

En Europe, il forme la mer du Nord, la mer Baltique, la Manche, la mer d'Irlande, le golfe de Gascogne, la Méditerranée et la mer Noire.

En Afrique, il forme le grand golfe de Guinée.

En Amérique, il forme la mer d'Hudson, le golfe du Mexique et la mer des Antilles.

L'Atlantique et la Méditerranée sont le théâtre d'une navigation active et d'un commerce considérable. Les principaux ports situés sur ces mers sont : Londres et Liverpool, en Angleterre; le Havre, Marseille, Bordeaux et Nantes, en France; New-York, aux États-Unis; Rio de Janeiro, au Brésil. Ces ports sont reliés entre eux par des lignes de paquebots à vapeur ou de navires à voiles, et ces lignes établissent des communications régulières et rapides entre les divers pays baignés par l'Atlantique.

67. Grand océan. Le Grand océan est compris entre l'Amérique, à l'Est, et l'Asie, à l'Ouest; il porte les divers noms de mer de Behring, mer d'Okhotsk, mer du Japon et mer de Chine, sur les côtes d'Asie. Sur la côte d'Amérique, il forme les golfes de Californie et de Panama.

Il communique, au Nord, avec l'océan Glacial, par le détroit de Behring, et au Sud-Est, avec l'Atlantique, par le détroit de Magellan. Le Grand océan est séparé de la mer des Antilles par l'isthme de Panama, sur lequel est établi un chemin de fer entre Panama et Aspinvall; de sorte que pour aller du Grand océan à la mer des Antilles, on traverse l'isthme de Panama par terre, au lieu de doubler par mer l'extrémité méridionale de l'Amérique, ce qui abrége beaucoup la durée du voyage.

68. Mer des Indes. La mer des Indes est située entre l'Asie, au Nord, l'Océanie, à l'Est, et l'Afrique, à l'Ouest.

Elle forme deux grands golfes, qui sont le golfe du Bengale et la mer d'Oman; celle-ci forme à son tour la mer Rouge et le golfe Persique.

La mer des Indes baigne de riches contrées, dont les productions et le commerce sont très-importants, surtout pour les Anglais, qui sont aujourd'hui les dominateurs de ces mers.

Les deux routes principales qui conduisent aux Indes sont : l'une par le cap de Bonne-Espérance;

l'autre par la Méditerranée, le canal de Suez et la mer Rouge.

69. Isthmes de Suez et de Panama. Les deux isthmes de Suez et de Panama interceptent deux grandes routes maritimes.

L'isthme de Suez empêche les vaisseaux d'aller de la Méditerranée à la mer des Indes, et l'isthme de Panama empêche d'aller en droite ligne de la mer des Antilles au Grand océan.

C'est pour remédier à ces obstacles que l'on a creusé un canal maritime dans l'isthme de Suez, et que l'on a établi un chemin de fer dans l'isthme de Panama.

70. Cap de Bonne-Espérance et cap Horn. Ces deux caps sont à l'extrémité des deux grandes presqu'îles de l'hémisphère austral. Les vaisseaux sont obligés de les doubler pour entrer dans de nouvelles mers.

Ainsi, l'on est obligé de doubler le cap de Bonne-Espérance, si l'on va de l'Atlantique à la mer des Indes.

On est obligé de doubler le cap Horn, si l'on va de l'Atlantique dans le Grand océan.

CHAPITRE IV

ASIE

---

§ 1. — GÉOGRAPHIE PHYSIQUE.

71. Bornes et étendue. L'Asie est bornée : au

Nord, par l'océan Glacial; à l'Est, par le Grand océan; au Sud, par la mer des Indes; à l'Ouest, par la mer Rouge, l'isthme de Suez, la Méditerranée, le détroit des Dardanelles, la mer de Marmara, le canal de Constantinople, la mer Noire, le Caucase, la mer Caspienne, le fleuve Oural et les monts Ourals, qui la séparent de l'Europe.

L'Asie est cinq fois plus grande que l'Europe.

72. Mers. Les diverses mers qui baignent l'Asie sont : la mer de Behring, la mer d'Okhotsk, la mer du Japon, la mer de Chine, la mer des Indes, la Méditerranée, la mer Noire, la mer d'Azof, la mer Caspienne et l'océan Glacial boréal.

73. Golfes. Les principaux golfes sont: la mer Rouge ou golfe Arabique, le golfe Persique, le golfe du Bengale, le golfe de Martaban, formés par la mer des Indes ;

Le golfe de Siam, le golfe de Tonkin et la baie de Canton, formés par la mer de Chine.

74. Détroits. Les principaux détroits sont: le détroit de Bab-el-Mandeb (*porte des larmes*), entre la mer Rouge et la mer des Indes; le détroit d'Ormuz, entre le golfe Persique et la mer des Indes ; le détroit de Malacca, entre la presqu'île de Malacca et l'île de Sumatra ; les Dardanelles, entre la mer de l'Archipel et la mer de Marmara ; le canal de Constantinople, ou le Bosphore, entre la mer de Marmara et la mer Noire ; le détroit d'Iénikaleh, entre la mer Noire et la mer d'Azof; le détroit de Behring, entre l'océan Glacial et le Grand océan.

75 Iles. Les principales îles de l'Asie sont :
Dans la mer des Indes :

Ceylan,
Les Maldives,
Ormuz.

Dans le Grand océan :

> Hong-kong,
> Formose,
> L'archipel du Japon,
> Tarrakaï,
> Les Kouriles.

Dans la Méditerranée :

> Chypre et Rhodes.

76. Presqu'îles. Les principales presqu'îles sont :

> A l'Est : le Kamtchatka,
>   la Corée ;
> Au Sud : l'Indo-Chine et la presqu'île de Malacca.
>   l'Hindoustan,
>   l'Arabie ;
> A l'Ouest : l'Asie-Mineure.

77. Caps. Les principaux caps de l'Asie sont :

> A l'Est : le cap Oriental,
>   le cap Lopatka ;
> Au Sud : le cap Romania,
>   le cap Comorin.

78. Déserts. L'Asie renferme de nombreux déserts, dont les principaux sont :

> Le désert de Cobi, au centre ;
> Le désert de l'Arabie, ou Arabie Déserte, au Sud ;
> Les toundras de Sibérie, au Nord.

79. Plateaux. Les principaux plateaux de l'Asie
sont :

> Le plateau central, qui renferme le grand désert de
>   Cobi,
> Le plateau du Dékan,
> Le plateau de l'Iran ou de la Perse,
> Le Nedjed, en Arabie,
> Le plateau d'Arménie,
> Le plateau de l'Asie-Mineure.

2.

80. Montagnes. Les principales montagnes de l'Asie sont:

> Au Nord : les monts Ourals et les monts Altaï, célèbres par leurs mines d'or ;
> Au Sud : les monts Himalaya, les plus hautes montagnes du globe ;
> les Ghâts ;
> A l'Ouest : le mont Ararat,
> la chaîne du Liban,
> le mont Sinaï,
> le mont Taurus.

81. Versants et fleuves. L'Asie est divisée en quatre grands versants, qui sont ceux :

> De l'océan Glacial, au Nord ;
> Du Grand océan, à l'Est ;
> De la mer des Indes, au Sud ;
> De la Méditerranée et de la Caspienne, à l'Ouest.

Les principaux fleuves de l'Asie sont :

> L'Obi,
> L'Iénisséi,   } qui se jettent dans l'océan Glacial ;
> La Léna,
>
> L'Amour,
> Le fleuve Jaune (Hoang-ho),   } qui se jettent dans le Grand océan ;
> Le Yang-tse-kiang,
>
> Le Cambodge ou Mé-kong,
> Le Mé-nam,
> L'Iraouaddy,
> Le Brahmapoutre,   } qui se jettent dans la mer des Indes ;
> Le Gange,
> L'Indus,
> Le Tigre et l'Euphrate,
>
> Le Kour,   } qui se jettent dans la mer Caspienne ;
> L'Oural,
>
> Le Sir-Déria,   } qui se jettent dans la mer d'Aral.
> L'Amou-Déria,

82. Lacs. Les principaux lacs sont :

La mer d'Aral,
Le lac Baïkal,
La mer Morte.

§ 2. — GÉOGRAPHIE POLITIQUE.

83. Divisions politiques. L'Asie est divisée en seize parties, savoir :

> 1 au Nord : la Sibérie ;
> 3 au centre : l'Asie centrale russe,
>   le royaume de Kachgar,
>   le Turkestan ou Touran ;
> 2 à l'Est : la Chine,
>   le Japon ;
> 4 au Sud : le royaume d'An-nam,   } dans l'Indo-
>   le royaume de Siam,   }   Chine,
>   le royaume des Birmans,   }
>   l'Hindoustan ;
> 6 à l'Ouest : le Béloutchistan,
>   l'Afghanistan,
>   la Perse,
>   l'Arabie,
>   la Turquie d'Asie,
>   la Russie du Caucase.

84. Population. La population de l'Asie est d'environ 787 millions d'habitants.

85. Races. La population de l'Asie appartient à cinq races, qui sont :

> La race hindo-européenne,
> La race sémitique,
> La race scythique ou tartare,
> La race chinoise,
> La race malaie.

Les peuples de race hindo-européenne sont :

> Les *Hindous*, dans l'Hindoustan ;
> Les *Persans*, dans la Perse ;

Les *Afghans*, dans l'Afghanistan ;
Les *Arméniens*, en Arménie.

Les peuples de race sémitique sont :

Les *Arabes*, en Arabie et en Syrie.

Les peuples scythiques ou tartares sont :

Les *Finnois*, en Sibérie ;
Les *Turks*, dans l'Asie centrale russe, le royaume de Kachgar, le Turkestan et la Turquie ;
Les *Mongols*, dans le centre de l'empire chinois ;
Les *Tongouses-Mandchoux*, en Sibérie et dans l'Est de l'empire chinois.

Les peuples de race chinoise sont :

Les *Chinois*, dans la Chine et la Corée ;
Les *Japonais*, dans le Japon ;
Les *Birmans*, les *Siamois* et les *Annamites*, dans l'Indo-Chine ;
Les *Thibétains*, dans le Thibet.

Les *Malais* habitent la presqu'île de Malacca.

86. Religions. Le christianisme est répandu dans l'Arménie, la Syrie, la Sibérie, les colonies anglaises et françaises, ainsi que dans les diverses missions catholiques de la Chine, de l'Indo-Chine et de l'Hindoustan.

Le judaïsme compte quelques sectateurs en Turquie, en Perse, en Arabie et au Malabar dans l'Hindoustan.

Le mahométisme est la croyance des Arabes, des Turks, des Persans, des Afghans, des Mongols de l'Inde et des Malais.

Le brahmanisme est la religion des Hindous.

Le bouddhisme est la religion des Chinois, des Japonais, des Thibétains, des Indo-Chinois et des Mongols.

Le chamanisme est la croyance des tribus finnoises et tongouses de la Sibérie.

87. Sibérie. La Sibérie occupe toute la partie septentrionale de l'Asie. C'est une immense contrée, déserte au nord, et assez fertile au midi. Elle appartient aux Russes, qui tirent beaucoup d'or des monts Ourals et des monts Altaï. — Les villes principales sont : Tobolsk, capitale, et Nikolaïef.

La Sibérie est un lieu de déportation où les Russes envoient leurs condamnés.

88. Asie centrale russe. L'Asie centrale russe comprend, les steppes des Kirghiz, le Turkestan russe (c'est-à-dire les provinces enlevées récemment aux royaumes turks du Turkestan) et le territoire Transcaspien (c'est-à-dire le pays des Turkomans).

Les villes principales sont : Turkestan, Tachkend, Khokand et Samarkand, dans le Turkestan russe, et Krasnovodsk, ville maritime sur la mer Caspienne, dans le territoire Transcaspien.

89. Royaume de Kachgar. Le royaume de Kachgar est l'ancien Turkestan chinois, qui s'est rendu indépendant.

Les villes principales sont : Kachgar, capitale, et Yarkand, ville commerçante.

90. Turkestan. Le Turkestan ou Touran renferme les royaumes de Khiva et de la Boukharie.

Les villes principales sont : Khiva et Boukhara, grand centre de commerce.

91. Empire chinois. L'empire chinois comprend la Chine proprement dite, la Mandchourie, la Corée, le Thibet, la Mongolie et le grand désert de Cobi.

La Chine a pour capitale Pe-king, et pour villes principales Canton et Shang-haï. L'île de Hong-kong est aux Anglais. C'est un pays très-peuplé et très-industrieux, avec lequel les Européens font un grand commerce de soie et de thé.

La capitale du Thibet est Lhassa, résidence du Dalaï-lama, grand-prêtre du bouddhisme.

92. Japon. La principale île du Japon est celle de Niphon (1), qui renferme la capitale de l'empire, Yédo ou To-kei. Nagasaki et Yokohama sont les principaux ports de commerce du Japon.

93. Indo-Chine. L'Indo-Chine est une grande presqu'île située au Sud-Est de l'Asie, qui comprend :

A l'Est : le royaume d'An-nam,
    la Cochinchine ;
Au centre : le royaume de Siam,
    le royaume de Cambodge ;
A l'Ouest : le royaume des Birmans,
    l'Indo-Chine anglaise ;
Au Sud : la presqu'île de Malacca.

Les principales villes sont : Hué, capitale du royaume d'An-nam ; Saïgon, capitale de la Cochinchine, colonie française ; Bangkok, capitale du royaume de Siam ; Pénom-Penh, capitale du Cambodge, royaume qui est placé sous le protectorat de la France ; Mandalé, capitale des Birmans ; Ramgoun, dans l'Indo-Chine anglaise ; Malacca et Singapour, possessions anglaises, dans la presqu'île de Malacca.

94. Hindoustan. L'Hindoustan ou l'Inde est le pays le plus important de l'Asie. C'est une grande contrée qui est bornée : au Nord, par les monts Himalaya et le Thibet ; à l'Est, par le golfe du Bengale ; à l'Ouest, par la mer d'Oman et le fleuve Indus ou Sind.

L'Hindoustan renferme les monts Himalaya, au Nord, le plateau du Dékan et les Ghâts, au Sud ; il est arrosé par le Brahmapoutre, le Gange et l'Indus.

---

(1) On doit prononcer Nip'on ou Nipon.

On remarque, au Sud, le cap Comorin, la grande île de Ceylan et les îles Laquedives et Maldives.

Presque tout ce pays appartient aux Anglais, qui gouvernent les 240 millions d'habitants qui le peuplent.

L'Hindoustan est divisé en trois grandes parties, appelées *présidences*, qui sont celles de Calcutta, de Madras et de Bombay. Les villes principales sont Calcutta, capitale, Bénarès, Madras, Bombay, Lahore, Kachemir, Surate et Pointe-de-Galle, dans l'île de Ceylan; — Pondichéry qui est aux Français; — Goa, qui est aux Portugais.

Les productions de l'Hindoustan sont très-variées, et sont toutes l'objet d'un grand commerce. Les principales sont : le coton, le riz, le sucre, l'opium, la soie, l'indigo, les diamants et les pierres précieuses. On y fabrique les châles de Kachemir et des mousselines.

95. Béloutchistan et Afghanistan. Le Béloutchistan et l'Afghanistan sont deux pays peu importants, qui sont séparés de l'Inde par l'Indus.

La capitale du Béloutchistan est Kélat; la capitale de l'Afghanistan est Caboul; ses villes principales sont Balkh et Hérat.

96. Perse. La Perse ou Iran a pour villes principales : Téhéran, capitale, Ispahan, Tauris et Schiraz. — Toute la partie centrale de la Perse est occupée par le désert de Kerman.

97. Arabie. L'Arabie est une grande presqu'île située au Sud-Ouest de l'Asie et qui renferme de vastes déserts. Les principales villes sont : Djeddah, Médine, la Mecque, Moka; Aden, qui est aux Anglais; Maskate, capitale d'un royaume assez puissant.

L'Arabie produit d'excellent café. Les prairies du Nedjed, plateau situé au centre de l'Arabie, nourrissent la plus belle race de chevaux du monde.

98. Turquie d'Asie. La Turquie d'Asie comprend l'Asie-Mineure ou Anatolie, l'Arménie, la Syrie et la Mésopotamie ou Al-Djézireh (l'île).

Les villes principales de ces contrées sont : Smyrne, Trébizonde, dans l'Asie-Mineure ; Jérusalem, Saint-Jean d'Acre, Damas, Alep, Antioche, en Syrie ; Mossoul et Bagdad, dans la Mésopotamie ; Erzeroum, en Arménie.

99. Russie du Caucase. La Russie du Caucase, ou Géorgie, est située au Sud du Caucase, entre la mer Noire et la mer Caspienne. La capitale est Tiflis.

100. Productions. Les principales productions de l'Asie sont :

Dans le règne minéral :

L'*or*, qu'on exploite dans les monts Ourals et l'Altaï,
Les *diamants* et *les pierres précieuses*, dans l'Inde,
L'*étain*, dans la presqu'île de Malacca,
Le *cuivre* et *le fer*, dans les monts Ourals et le Japon,
Le *kaolin* ou *argile à porcelaine*, en Chine et au Japon.

Dans le règne végétal :

Le *thé* (Chine, Japon), le *riz* et les *épices* (Chine, Indes) (1), le *café* (Arabie, Hindoustan), le *sucre* (Hindoustan), le *sésame* (2) (Hindoustan), le *caoutchouc* et la *gutta-percha* (Indes), le *vernis-laque* et le *copal* (Chine, Japon, Indes), l'*indigo* (Hindoustan), le *camphre* (Chine, Japon) et l'*opium* (Hindoustan).

Parmi les animaux de l'Asie on doit mentionner :

Le *chameau*, que l'on trouve dans l'Asie centrale, l'Arabie et la Syrie.
Le *cheval*, qui offre en Arabie et en Syrie le type de l'espèce.

---

(1) On appelle Indes, Grandes-Indes ou Indes orientales, l'Hindoustan, l'Indo-Chine et les îles de la Malaisie.
(2) Graine oléagineuse, dont l'huile sert à faire le savon.

La *chèvre* du Thibet, dont le duvet sert à fabriquer les châles de Kachemir.

Les *animaux à fourrures*, dans la Sibérie.

Le *tigre*, dans l'Inde ; le *lion*, sur le plateau de l'Iran ; l'*éléphant* et le *rhinocéros* dans les Indes.

Le *paon*, le *faisan* et les *perroquets*, dans la Chine et les Indes.

Les *tortues*, qui fournissent l'écaille, se trouvent sur les côtes de l'Inde.

Les *vers à soie* abondent à la Chine, au Japon et dans les Indes.

Les *huîtres à perles* se pêchent à Ceylan et dans le golfe Persique.

Les *éponges* se pêchent sur les côtes de la Syrie.

101. Commerce et ports. Toutes les productions de l'Asie donnent lieu à un commerce considérable, qui se fait en échangeant ses riches produits contre les objets manufacturés en Europe.

Les principaux ports de commerce de l'Asie sont :

Canton, Hong-kong et *Shang-haï,* en Chine,
Nagasaki et *Yokohama,* au Japon,
Singapour et *Saïgon,* dans l'Indo-Chine,
Calcutta, Madras et *Bombay,* dans l'Hindoustan,
Aden et *Maskate,* dans l'Arabie,
Smyrne et *Trébizonde,* dans l'Asie-Mineure.

102. Colonies des Européens. Les principales colonies des Européens en Asie, sont :

Hong-kong, en Chine,
Singapour, dans l'Indo-Chine,
L'Hindoustan, } aux Anglais,
Aden, en Arabie,
Saïgon, en Cochinchine,
Pondichéry, dans l'Hindoustan, } aux Français,
Goa, dans l'Hindoustan,
Macao, en Chine, } aux Portugais.

CHAPITRE V

AFRIQUE

§ 1. — GÉOGRAPHIE PHYSIQUE.

103. Bornes et étendue. L'Afrique est bornée :
au Nord, par la Méditerranée et le détroit de Gibraltar ;
à l'Ouest, par l'océan Atlantique ; au Sud, par l'océan
Atlantique ; à l'Est, par la mer des Indes, la mer
Rouge et l'isthme de Suez.

104. Golfes. Les principaux golfes de l'Afrique
sont : le golfe de Gadès, au Nord ; le golfe de Guinée,
à l'Ouest ; la mer Rouge, à l'Est.

105. Détroits. Les détroits sont : le détroit de Gibraltar, au Nord-Ouest ; le canal de Mozambique,
entre l'Afrique et Madagascar, à l'Est ; le détroit de
Bab-el-Mandeb, entre la mer Rouge et la mer des Indes.

106. Iles. Les îles africaines situées dans l'océan
Atlantique sont :

> Les îles Açores, *aux Portugais*,
> L'île Madère, *aux Portugais*,
> Les îles Canaries, *aux Espagnols*,
> Les îles du Cap-Vert, *aux Portugais*,
> L'île de Gorée, *aux Français*,
> Fernan-do-Po, *aux Espagnols*,
> Saint-Thomas, *aux Portugais*,
> L'Ascension et Sainte-Hélène, *aux Anglais*.

Les îles africaines situées dans la mer des Indes
sont :

Les îles Comores, dont l'une, l'île Mayotte, est *aux Français ;*
Les Seychelles, *aux Anglais ;*
L'île de la Réunion ou île Bourbon, *aux Français ;*
L'île Maurice (ou île de France) et l'île Rodrigue, *aux Anglais ;*
Madagascar, qui appartient aux Hovas, peuple ma-lais ;
Nossi-Bé et Sainte-Marie, sur les côtes de Madagas-car, *aux Français ;*
Zanzibar ;
Socotora.

107. Caps. Les principaux caps de l'Afrique sont : le cap Boïador et le cap Vert, à l'Ouest ; le cap de Bonne-Espérance, au Sud ; le cap Guardafui, à l'Est.

108. Déserts. Une grande partie de l'Afrique est déserte ; on trouve en effet dans cette partie du monde :

Le Sahara ou Grand-Désert, qui est quinze fois grand comme la France ;
Les déserts de Libye et d'Égypte ;
Le désert de Korosko, en Nubie ;
Le Kalahari, dans l'Afrique australe ;
Les steppes ou karrous du pays des Hottentots.

109. Plateaux. Les grands plateaux de l'Afrique sont :

Le plateau de la Haute-Afrique, au Sud ;
Le plateau d'Abyssinie, à l'Est ;
Les plateaux de l'Atlas, en Algérie.

110. Montagnes et volcans. Les grandes chaînes de montagnes de l'Afrique sont :

L'Atlas, au Nord ;
Les Alpes d'Abyssinie,
Les montagnes du Zanguebar, } à l'Est ;
Les monts Lupata,
Les monts Nieuveldt, au Sud ;
Les montagnes du Congo et de la Guinée, à l'Ouest.

Les principaux volcans de l'Afrique sont le pic de Ténériffe et le volcan de l'île de la Réunion.

111. Versants et fleuves. L'Afrique est divisée en trois grands versants, qui sont ceux :

De la Méditerranée, au Nord ;
De l'océan Atlantique, à l'Ouest ;
De la mer des Indes, à l'Est.

Les principaux fleuves de l'Afrique sont :

Le Nil, qui sort de trois grands lacs appelés Albert-Nyanza (1), Alexandra-Nyanza et Victoria-Nyanza ; le lac Victoria reçoit deux grands cours d'eau, le Chimiyou et le Kagéra, qui paraissent être les principales sources du Nil ;
Le Sénégal, qui arrose une de nos colonies ;
La Gambie ;
Le Niger ;
L'Ogovaï, qui arrose notre colonie du Gabon ;
Le Congo ou Zaïré ;
Le fleuve Orange ;
Le Zambèze.

112. Lacs. Les principaux lacs de l'Afrique sont :

Le lac Melrir, en Algérie ;
Le lac Tchad, dans le Soudan ;
Le lac Dembéa, dans l'Abyssinie, d'où sort le Nil Bleu ;
L'Albert-Nyanza, d'où sort le Nil Blanc ;
Le Victoria-Nyanza ;
L'Alexandra–Nyanza ;
Le lac Tanganyika, d'où sort une rivière appelée le Loukouga, qui paraît se jeter dans le Loualaba, une des branches du Congo ;
Le lac Bangouélo, d'où sort le Loualaba ;
Le lac Nyassa, d'où sort le Schiré, un des affluents du Zambèze ;
Le lac Ngami.

---

(1) *Nyanza,* lac.

§ 2. — GÉOGRAPHIE POLITIQUE.

113. Divisions. L'Afrique est divisée en 21 parties, savoir :

Cinq au Nord, qui sont :

L'empire du Maroc,
L'Algérie,
La régence de Tunis ou Tunisie,
La régence de Tripoli,
L'Egypte ;

Sept à l'Est, qui sont :

La Nubie et les autres dépendances de l'Egypte,
L'Abyssinie,
La côte des Adels,
La côte des Somaulis ou côte d'Ajan,
La côte de Zanguebar,
La côte de Mozambique,
La Cafrerie ;

Trois au Sud :

La colonie du Cap,
Le pays des Hottentots,
La république du fleuve Orange ;

Trois à l'Ouest :

Le Congo,
La Guinée,
La Sénégambie ;

Trois au centre :

Le Sahara,
Le Soudan ou Nigritie,
Le plateau de la Haute-Afrique.

114. Population. La population de l'Afrique paraît s'élever à 180 millions d'habitants.

115. Races. La population de l'Afrique appartient à cinq races, qui sont :

La race sémitique,
La race éthiopienne,
La race nègre,
La race hottentote,
La race cafre.

Les peuples de race sémitique sont :

Les *Arabes*, en Egypte, en Nubie, dans la Tunisie,
l'Algérie et le Maroc ; on les retrouve aussi dans
le Sahara, le Soudan et, sur la côte orientale, dans
le Zanguebar ;
Les *Maures* du Maroc, de l'Algérie et du Sénégal.

Les peuples de race éthiopienne sont :

Les *Coptes* et les *Fellahs* de l'Egypte ;
Les *Barabras* de la Nubie ;
Les *Abyssins* et les *Gallas ;*
Les *Somaulis*, mélange de noirs éthiopiens et d'A-
rabes ;
Les *Berbères* ou *Kabyles*, dans l'Algérie et le
Maroc ;
Les *Foulbé* du Sénégal et du Soudan, appelés aussi
Peuls et Fellatahs ;
Les *Touaregs* et les *Tibbous*, dans le Sahara.

Les nègres peuplent le Soudan, la Sénégambie, la
Guinée, le Congo et le nord du plateau de la Haute-
Afrique. — On a longtemps vendu des nègres pour
en faire des esclaves dans les colonies d'Amérique ;
aujourd'hui, le commerce ou la traite des nègres est
défendu, et l'esclavage n'existe plus qu'à Cuba.

Les Hottentots et les Cafres habitent l'Afrique australe. — Les peuples de ces trois dernières races sont
entièrement sauvages.

116. Religions. Le christianisme grec est la religion des Coptes de l'Egypte et des Abyssins ; il y a
aussi des chrétiens dans les colonies des Européens.

Le mahométisme ou islamisme est la religion des
Arabes, des Maures, des Berbères et des Fellatahs.

Toutes les peuplades nègres, hottentotes et Cafres, sont adonnées à toutes les superstitions absurdes et cruelles du fétichisme.

117. Etats Barbaresques. Les quatre pays qu'on appelait autrefois les *Etats Barbaresques* sont :

> L'empire de Maroc,
> L'Algérie,
> La régence de Tunis,
> La régence de Tripoli.

118. Empire de Maroc. L'empire de Maroc a pour capitale Maroc, et pour villes principales: Fez et les deux ports de Tanger et de Mogador. Les villes de Ceuta et de Mélilla sont aux Espagnols.

119. Algérie. L'Algérie appartient à la France depuis 1830 ; elle a pour capitale Alger, et pour villes principales: Oran, Constantine, Mascara, Blidah, Philippeville et Bône.

120. Régence de Tunis. La régence de Tunis a pour capitale Tunis, et pour ville principale Kaïrouan. Ce pays est gouverné par un bey vassal de la Turquie.

121. Régence de Tripoli. La régence de Tripoli a pour capitale Tripoli. Elle appartient à la Turquie.

Les États Barbaresques ont eu autrefois une triste célébrité ; ils faisaient la piraterie en grand. Ce brigandage n'a cessé que depuis la prise d'Alger par les Français en 1830.

122. Egypte. L'Egypte est arrosée par le Nil, qui s'y jette dans la Méditerranée après s'être divisé en plusieurs bras qui forment un delta. C'est à l'Egypte qu'appartient l'isthme de Suez, qui réunit l'Asie et l'Afrique, et dans lequel on a creusé un canal qui joint la Méditerranée à la mer Rouge; le canal de Suez est actuellement la principale route suivie par les bâtiments qui vont d'Europe aux Indes, à la Chine et au Japon.

Les villes de l'Egypte sont : le Caire, qui en est la capitale; Alexandrie, grand port de commerce; Aboukir, Damiette, la Mansourah, Héliopolis, célèbres dans notre histoire militaire; Port-Saïd et Suez, villes maritimes situées aux deux extrémités du canal de Suez.

L'Egypte est gouvernée par un vice-roi, appelé Khédive et vassal de la Turquie.

123. Nubie et autres dépendances de l'É- gypte. La vice-royauté d'Egypte forme aujourd'hui un grand Etat composé de l'Egypte, de la Nubie, du Soudan égyptien, du bassin supérieur du Nil Blanc, de la province de Massouah, formée du littoral de l'Abyssinie, des villes de Zeïlah et de Berbérah, grands marchés situés sur la côte du pays des Adels, du royaume de Harar, du Darfour et du Ouaday, pays du Soudan oriental. La population de la vice-royauté d'Egypte est d'environ 25 millions d'habitants.

Les villes principales de la Nubie sont : Khartoum, Sennaar et Chendy.

La Nubie est séparée de l'Égypte par les fameuses cataractes du Nil.

124. Abyssinie. L'Abyssinie est un plateau couvert de hautes montagnes et arrosé par le Nil Bleu.

Le plateau de l'Abyssinie contient plusieurs petits États chrétiens aujourd'hui peu importants.

Leurs villes principales sont: Adouah, Gondar et Ankober.

125. Côtes des Adels, des Somaulis et de Zanguebar. Les villes de la côte des Adels, Zeïlah et

Berbérah, appartiennent à l'Égypte. — La côte des Somaulis et le Zanguebar appartiennent à un iman ou prince arabe, dont la capitale est Zanzibar, grande ville commerçante.

126. Côte de Mozambique et Cafrerie. La *côte de Mozambique*, où se jette le Zambèze, est aux Portugais ; les villes principales sont Mozambique et Sofala.

La *Cafrerie*, habitée par des peuplades sauvages. s'étend entre la colonie portugaise de Mozambique et la colonie anglaise du Cap.

127. Gouvernement du Cap. Le gouvernement du Cap tire son nom du cap de Bonne-Espérance. Ce pays appartient aux Anglais (1) et les rend maîtres de l'entrée de la mer des Indes. La capitale, le Cap, est une relâche importante sur la route des Indes par l'Atlantique, à la jonction de l'Atlantique et de la mer des Indes.

La colonie du Cap compte plusieurs dépendances, savoir : la Cafrerie anglaise, le pays des Bassoutos, le Griqualand, pays riche en mines de diamants, le Transvaal, capitale Potchefstrom et la colonie de Natal, capitale Durban.

128. République du fleuve Orange. Cette république, fondée par des Hollandais émigrés de la colonie du Cap, a pour capitale Bloemfontein (2).

129. Pays des Hottentots. C'est une grande contrée, couverte de steppes ou karrous, et habitée par des peuplades sauvages. Le désert de Kalahari occupe la partie orientale du pays des Hottentots.

---

(1) Il appartenait avant 1806 aux Hollandais, qui forment encore une partie importante de la population.

(2) Le Transvaal, annexé en 1877 à la colonie du Cap, était aussi une république indépendante fondée par des Hollandais émigrés du Cap.

3.

130. Le Congo est un pays qui tire son nom du fleuve Congo ou Zaïré; il est habité par des nègres sauvages. Les Portugais y possèdent les royaumes d'Angola et de Benguela ; la ville principale est Saint-Paul de Loanda.

131. La Guinée est également habitée par des nègres sauvages. Les côtes de cette contrée portent les noms de : côte des Esclaves, côte d'Or, côte des Dents ou côte d'Ivoire.

On fait un assez grand commerce sur ces côtes; aussi les Français et surtout les Anglais y ont-ils plusieurs colonies. — Les colonies anglaises sont : Sierra-Leone, Cape-Coast et Elmina. — Les colonies françaises sont sur le Gabon et l'Ogovaï.

On remarque trois Etats principaux en Guinée : la *république de Libéria*, Etat peuplé de nègres chrétiens, dont la capitale est Monrovia; — le *royaume des Ashanties*, capitale Coumassie ; — le *royaume de Dahomey*, villes principales : Abomey et Ouydah. Ces deux derniers pays sont habités par des nègres sauvages et féroces.

132. Sénégambie. La Sénégambie est arrosée par le Sénégal et la Gambie, et peuplée par des nègres et des Maures.

Les Français, les Anglais et les Portugais ont des colonies dans cette contrée.

La colonie française est appelée le Sénégal ; son chef-lieu est Saint-Louis. La colonie se compose des côtes entre Portendick et Gorée, du bassin du Sénégal et de l'île de Gorée. Le port principal est Dakar.

Sainte-Marie de Bathurst est le chef-lieu des colonies anglaises. — Cacheo est aux Portugais.

133. Sahara. Le Sahara ou Grand-Désert se compose de vastes plaines sablonneuses et arides qui s'étendent entre l'Atlantique et l'Egypte. Quelques parties montueuses et fertiles s'y rencontrent çà est là, et sont habitées par les Maures, à l'Ouest, par les Touaregs, au centre, et par les Tibbous, à l'Est. Les principales oasis sont : Insalah et Ghât, dans le pays des Touaregs.

134. Soudan. Le Soudan ou Nigritie est compris entre le Sahara et le plateau de la Haute-Afrique; on y remarque le Niger et le lac Tchad. La population se compose de nègres et de Foulbé (à l'Ouest), et d'Arabes (à l'Est). Les villes principales sont : Tombouktou, sur le Niger; Sakatou et Kano, dans le Haoussa, pays qui est le centre de la puissance des Foulbé ou Fellatahs; Koukaoua, dans le Bornou : Abèchr, capitale du Ouaday; Facher, capitale du Darfour. Le Ouaday et le Darfour sont actuellement soumis à l'Egypte.

135. Plateau de la Haute-Afrique. Ce grand plateau occupe toute la partie méridionale de l'Afrique. On y remarque l'Abyssinie, qui en forme l'extrémité Nord-Est, le pays des Gallas, au Sud de l'Abyssinie, les grands lacs Victoria, Alexandra et Albert-Nyanza, d'où sort le Nil, le lac Tanganyika, le lac Bangouélo, le cours supérieur du Zambèze et du Congo ou Zaïré, qui arrosent des pays fertiles, et les lacs Nyassa et Ngami, au Sud. Toute cette région est peuplée par des nègres sauvages. La partie méridionale du plateau renferme le désert de Kalahari, le pays des Cafres-Betjouanas, le pays des Hottentots, le Griqualand, le Transvaal et la république du fleuve Orange. — C'est sur les talus de ce plateau que se trouvent : la côte des Somaulis, le Zanguebar, la côte de Mozambique, la Cafrerie, la colonie de Natal, à l'Est; la colonie du Cap, au Sud, et le Congo, à l'Ouest. — Toute la partie nord-ouest du plateau de la Haute-Afrique est encore inconnue.

136. Productions. Les principales productions de l'Afrique sont :

Le *fer* (Algérie); — les *dattes* (Sahara, Egypte); — le *café* (la Réunion, Maurice, Abyssinie, Congo); — le *sucre* (la Réunion, Maurice, colonie de Natal); — le *coton* (Egypte); — l'*huile de palme*, le *sésame* et les *arachides* (côtes occidentales); — la *gomme arabique* (Sénégal, Soudan); — le *caoutchouc* (Gabon); — le *copal* (Zanguebar); — la *cochenille* (Canaries); — les *vins* (Madère, Açores, le Cap); — la *cire* (Congo); — l'*ivoire;* — les *plumes d'autruche* et *de marabout*.

137. Commerce et ports. Les principaux ports de commerce de l'Afrique sont :

Alexandrie, Suez, Alger, Tanger, Saint-Louis du Sénégal, Dakar, les comptoirs de Guinée, Saint-Paul de Loanda, le Cap, Durban, Mozambique, Zanzibar, Saint-Denis, dans l'île de la Réunion, et Port-Louis, dans l'île Maurice.

138. Colonies des Européens. Les Français ont d'importantes colonies en Afrique; ils y possèdent :

L'Algérie,
Le Sénégal,
Gorée,
Le Gabon,
La Réunion,
Mayotte,
Nossi-Bé et Sainte-Marie de Madagascar.

Les Portugais possèdent :

Les îles Açores,
L'île Madère,
Les îles du Cap-Vert,
Saint-Thomas et l'île du Prince,
Une partie du Congo,
La côte de Mozambique.

Les Espagnols possèdent :

Ceuta,
Les Canaries,
Fernan-do-Po,
Annobon.

Les Anglais possèdent :

Divers comptoirs dans la Sénégambie,
Divers comptoirs en Guinée,
L'Ascension et Sainte-Hélène,
Le gouvernement du Cap et la colonie de Natal.
L'île Maurice, l'île Rodrigue et les Seychelles.

CHAPITRE VI

AMÉRIQUE SEPTENTRIONALE

§ I. — GÉOGRAPHIE PHYSIQUE.

139. Bornes. L'Amérique septentrionale est bornée : au Nord, par l'océan Glacial boréal ; à l'Est, par l'océan Atlantique ; au Sud, par le golfe du Mexique et l'isthme de Panama ; à l'Ouest, par le Grand océan et le détroit de Behring.

140. Mers. Les diverses mers qui baignent l'Amérique septentrionale sont :

La mer de Baffin,
L'océan Glacial, qu'on appelle aussi la mer Polaire,
La mer d'Hudson,
La mer des Antilles,
La mer de Behring.

141. Golfes. Les principaux golfes sont :

Le golfe du Saint-Laurent,
La baie de Fundy,   formés par l'océan
Le golfe du Mexique,   Atlantique ;
Le golfe de Honduras,

Le golfe de Téhuantépec, ⎱ formés par le Grand
Le golfe de Californie,   ⎰   océan.

142. Détroits. Les principaux détroits sont :

Le *détroit de Davis*, entre l'Atlantique et la mer de
   Baffin ;
Les *détroits de Lancastre et de Smith*, qui conduisent
   de la mer de Baffin à la mer Polaire ;
Le *détroit d'Hudson*, qui unit l'Atlantique à la mer
   d'Hudson ;
Le *détroit de Belle-Isle*, entre le Labrador et Terre-
   Neuve ;
Le *canal de Bahama*, entre la Floride et les îles Lu-
   cayes ;
Le *détroit de Behring*, entre l'Asie et l'Amérique.

143. Iles. Les îles de l'Amérique du Nord sont très-
nombreuses ; les principales sont :

Au Nord : les Terres polaires ou arctiques.
A l'Est : Terre-Neuve,
       l'île du Cap-Breton,
       les Bermudes.
Au Sud : les Antilles.
Au Nord-Ouest : l'île de Vancouver,
          l'île de la Reine-Charlotte,
          les îles Aléoutiennes.

144. Presqu'îles. Les principales presqu'îles sont :

La Nouvelle-Ecosse ou Acadie,
La Floride,
Le Yucatan,
La Vieille-Californie,
La presqu'île d'Alaska.

145. Isthme. L'isthme principal de l'Amérique du
Nord est l'isthme de Téhuantépec, dans le Mexique, entre le golfe du Mexique et le golfe de Téhuantépec.

146. Caps. Les caps les plus remarquables sont :

Le cap Farewell, au Sud du Grœnland ;

Le cap Charles, à l'Est du Labrador ;
Le cap Sable, au Sud de la Floride ;
Le cap Catoche, au Nord du Yucatan ;
Le cap San-Lucar, au Sud de la Californie ;
Le cap du Prince-de-Galles, sur le détroit de Beh-
ring.

147. Déserts. Toutes les terres polaires sont inha-
bitables et dépourvues de toute végétation à cause du
froid. — Le territoire de la Compagnie de la baie
d'Hudson est couvert de forêts, de marécages et de lacs,
et peuplé par quelques tribus sauvages. A l'Ouest du
Mississipi, se trouvent d'immenses steppes, qu'on appelle les *prairies de l'Ouest*, et qui s'étendent jusqu'aux monts Rocheux. — Le plateau de l'Utah, situé
sur les monts Rocheux, est presque partout désert.

148. Plateaux. Les principaux plateaux sont ceux
du Mexique, au Sud ; de l'Utah et de l'Orégon à
l'Ouest.

149. Montagnes et volcans. Les grandes chaînes
de montagnes de l'Amérique septentrionale sont :

Les monts Rocheux, à l'Ouest,
Les monts Apalaches ou Alléghany, à l'Est.

Les principaux volcans sont :

Le Popocatepetl, dans le Mexique,
Le mont Saint-Elie, dans le territoire d'Alaska.

150. Versants et fleuves. L'Amérique du Nord
est divisée en quatre versants, qui sont ceux :

De l'océan Glacial, au Nord ;
De l'océan Atlantique, à l'Est ;
Du golfe du Mexique, au Sud ;
Du Grand océan, à l'Ouest.

Les principaux fleuves sont :

Le Mackenzie, tributaire de l'océan Glacial ;
Le Saint-Laurent, tributaire de l'Atlantique ;

Le Mississipi, ⎫ tributaires du golfe du Mexique ;
Le Rio del Norte, ⎭
L'Orégon, ⎱ tributaires du Grand océan.
Le Fraser, ⎰

151. Lacs. L'Amérique du Nord est le pays des grands lacs ; les plus importants sont :

Au Nord, le lac du Grand-Ours, le lac de l'Esclave, le lac Winnipeg ;
A l'Est, entre les Etats-Unis et le Canada, les lacs Supérieur, Michigan, Huron, Erié et Ontario ; ces deux derniers lacs sont réunis par la cataracte ou chute du Niagara ;
A l'Ouest, sur le plateau de l'Utah, le Grand-Lac-Salé ;
Dans le Sud, le lac Nicaragua.

§ II. — GÉOGRAPHIE POLITIQUE.

152. Divisions politiques. L'Amérique septentrionale est divisée en sept parties, savoir :
Trois au Nord, qui sont :

Le Grœnland,
La Nouvelle-Bretagne,
Le territoire d'Alaska ;

Une au centre :

Les Etats-Unis ;

Trois au Sud :

Le Mexique,
L'Amérique centrale,
L'archipel des Antilles.

153. Population. La population de l'Amérique septentrionale est de 59 millions d'habitants.

154. Races. La population de l'Amérique du Nord est formée par cinq peuples principaux :

Les Anglais, dans la Nouvelle-Bretagne, aux Etats-Unis et dans une partie des Antilles ;

Les Français, au Canada, dans la Louisiane et dans quelques Antilles ;

Les Espagnols, au Mexique, dans l'Amérique centrale et à Cuba ;

Les Indiens, qui sont dispersés partout ; on en compte environ 5 millions ;

Les nègres, qui sont esclaves à Cuba ; ils sont affranchis dans les Etats-Unis et dans les Antilles anglaises et françaises. Les nègres sont les maîtres d'une partie de l'île d'Haïti. On compte près de 5 millions de nègres dans l'Amérique septentrionale.

155. Religions. Le catholicisme est la religion du Canada français, du Mexique, de l'Amérique centrale, des Antilles françaises et espagnoles, et d'Haïti. Le protestantisme est la religion des Etats-Unis et des colonies anglaises.

Les Indiens des Etats-Unis ont été presque tous anéantis ; au Mexique et dans l'Amérique centrale, où les Indiens sont nombreux, on les a un peu civilisés et convertis au catholicisme.

156. Territoire d'Alaska et Grœnland. Le Territoire d'Alaska (ancienne Amérique russe) et le Grœnland sont deux grandes régions presque désertes et sans importance ; la première appartient aux Etats-Unis, la seconde au Danemark.

157. Nouvelle-Bretagne. La Nouvelle-Bretagne appartient à l'Angleterre ; on la divise en huit parties, qui sont : les Terres arctiques, le Labrador, le territoire de la Compagnie de la baie d'Hudson, la Colombie anglaise, le Canada, la Nouvelle-Ecosse, le Nouveau-Brunswick et les îles du golfe du Saint-Laurent.

Les Terres arctiques et le Labrador sont des pays sans importance.

Le territoire de la Compagnie de la baie d'Hudson est couvert de forêts, dans lesquelles les Indiens et les trappeurs de la Compagnie chassent les animaux à fourrures, qui y sont très-nombreux. Les pelleteries sont la seule richesse de ces contrées.

La Colombie anglaise, baignée par le Grand océan et arrosée par le Fraser, a pour capitale Victoria, située dans l'île de Vancouver, qui se trouve à l'Ouest de la Colombie. L'or abonde dans la Colombie anglaise, ainsi que dans l'île de Vancouver.

Le Canada, arrosé par le Saint-Laurent, a pour villes principales : Québec, Montréal et Ottawa. C'est un pays qui a longtemps appartenu à la France.

La Nouvelle-Ecosse a pour capitale Halifax, port de guerre et de commerce.

Le Nouveau-Brunswick a pour capitale Saint-John.

Les îles du golfe du Saint-Laurent sont : l'île du Cap-Breton, l'île du Prince-Edouard et Terre-Neuve. Cette dernière île est importante pour la pêche de la morue. Sur sa côte méridionale, on trouve les deux petites îles de Saint-Pierre et Miquelon, qui appartiennent aux Français.

Le Canada, la Nouvelle-Ecosse, le Nouveau-Brunswick, les îles du golfe du Saint-Laurent et la Colombie forment une confédération, appelée la Confédération ou Dominion du Canada, dont la capitale est Ottawa.

158. Etats-Unis. La république des Etats-Unis, composée de 49 Etats ou territoires, et peuplée de 39 millions d'habitants, forme un grand Etat, important par ses cultures et par son commerce.

Les villes principales sont : Washington, capitale ; New-York, grand centre de commerce ; Boston, Philadelphie, Baltimore et la Nouvelle-Orléans, ports de commerce ; — en Californie, San-Francisco, port de commerce ; — dans l'intérieur : Saint-Louis, sur le Mississipi ; Cincinnati et Pittsburg, sur l'Ohio ; Chicago, sur le lac Michigan, grands centres de commerce.

159. Mexique. La république du Mexique a pour capitale Mexico, et pour villes principales : Guanaxuato, où l'on exploite de riches mines d'argent, Tampico, Campêche et la Vera-Cruz, ports de commerce.

160. Amérique centrale. L'Amérique centrale contient cinq petites républiques, qui sont celles de Guatémala, de Honduras, de Nicaragua, de San-Salvador et de Costa-Rica. La ville principale est Guatémala, dans la république de ce nom.

161. Les Antilles. L'archipel des Antilles est très-important par ses productions et par son commerce : presque toutes les îles qui le composent sont des colonies européennes.

On divise l'archipel des Antilles en trois parties, qui sont :

> Les îles Lucayes,
> Les Grandes-Antilles,
> Les Petites-Antilles.

Les îles Lucayes sont aux Anglais ; la plus célèbre est celle de San-Salvador, où Christophe Colomb aborda en 1492.

Les Grandes-Antilles sont au nombre de quatre, savoir :

> Cuba, capitale la Havane ; c'est la plus riche colonie de l'Espagne.
> La Jamaïque, capitale Kingston ; aux Anglais.
> Haïti ou Saint-Domingue, divisé en deux parties : la partie occidentale, autrefois à la France et qui forme aujourd'hui la république d'Haïti ; — la partie orientale, autrefois à l'Espagne et qui forme la république Dominicaine.
> Porto-Rico, aux Espagnols.

Les Petites-Antilles sont :

> La Martinique, } aux Français ;
> La Guadeloupe, }

> Sainte-Lucie,
> La Dominique,
> La Barbade,
> Saint-Vincent, } aux Anglais ;
> Tabago,
> La Trinité,
>
> Curaçao, aux Hollandais ;
> Saint-Thomas et Sainte-Croix, aux Danois ;
> Saint-Barthélemy, aux Suédois.

162. Productions. Les principales productions de l'Amérique du Nord sont :

> L'*or*, qui est très-abondant en Californie et dans la Colombie anglaise ;
> L'*argent*, qu'on exploite au Mexique et dans les Etats-Unis ;
> Le *fer*, qu'on exploite aux Etats-Unis ;
> La *houille* ou *charbon de terre*, qui abonde à Terre-Neuve, à la Nouvelle-Ecosse et aux Etats-Unis ;
> Le *cuivre*, à Cuba.

Les principales productions végétales sont :

> Les *bois de construction*, qu'on tire du Canada ;
> Le *coton*, le *blé* et le *maïs*, des Etats-Unis ;
> Le *tabac*, la *vanille*, le *cacao*, l'*indigo*, la *cochenille*, le *sucre*, le *café*, l'*acajou*, qui sont produits par les Antilles, les Etats-Unis du Sud, le Mexique et l'Amérique centrale.

163. Commerce. Le commerce de l'Amérique septentrionale est très-considérable ; les principaux ports de commerce sont :

> Québec, .
> New-York et la Nouvelle-Orléans, } sur l'océan
> La Vera-Cruz, } Atlantique ;
> La Havane, Kingston, Saint-Thomas, }
> San-Francisco, sur le Grand océan.

164. Colonies des Européens. Les colonies anglaises sont :

La Nouvelle-Bretagne,
Les îles Bermudes,
Les Antilles anglaises,
Balize, sur la côte du Yucatan.

Les colonies françaises sont :

Saint-Pierre et Miquelon,
Les Antilles françaises.

Les colonies espagnoles sont :
Cuba,
Porto-Rico.

Les colonies danoises sont :

Le Grœnland,
Saint-Thomas,
Sainte-Croix.

Les Hollandais possèdent :

Curaçao.

Les Suédois possèdent :

Saint-Barthélemy.

CHAPITRE VII

AMÉRIQUE MÉRIDIONALE

§ 1. — GÉOGRAPHIE PHYSIQUE.

165. Bornes. L'Amérique méridionale est bornée : au Nord, par l'isthme de Panama et la mer des Antilles ; à l'Est, par l'océan Atlantique ; au Sud, par l'océan Atlantique ; à l'Ouest, par le Grand océan.

166. Golfes. Les principaux golfes de l'Amérique du Sud sont : les golfes de Darien et de Panama, séparés par l'isthme de Panama ; le golfe de Maracaybo.

167. Détroit et isthme. Le principal détroit est celui de Magellan, entre la Patagonie et la Terre de Feu. — L'isthme de Panama, qui sépare la mer des Antilles du Grand océan, est traversé par un chemin de fer allant d'Aspinwall à Panama.

168. Iles. Les principales îles de l'Amérique du Sud sont : les îles Falkland, aux **Anglais**; la Terre de Feu et l'archipel de Chiloé.

169. Cap. Le principal cap est le cap Horn, au Sud de la Terre de Feu.

170. Montagnes et volcans. Les principales chaînes de montagnes de l'Amérique du Sud sont : la Cordillère des Andes, qui va de l'isthme de Panama au détroit de Magellan, et les montagnes du Brésil.

Les volcans sont :

> Le Pichincha, ⎫ dans la république de l'Équateur ;
> Le Cotopaxi, ⎬
> L'Aconcagua, dans le Chili.

171. Versants et fleuves. L'Amérique du Sud est divisée en trois grands versants, qui sont ceux :

> De la mer des Antilles,
> De l'océan Atlantique,
> Du Grand océan.

Les fleuves principaux sont :

> La Magdalena, tributaire de la mer des Antilles ;
> L'Orénoque, ⎫
> Le fleuve des Amazones, ⎬ tributaires de l'Atlantique.
> Le Rio de la Plata, ⎭

Le Rio de la Plata est un vaste estuaire formé par

la réunion de trois grands cours d'eau, qui sont le Paraguay, le Parana et l'Uruguay.

172. Lacs. Les plus grands lacs sont :

Le lac Titicaca, en Bolivie ;
Le lac Maracaybo, dans la république de Vénézuéla.

§ 2. — GÉOGRAPHIE POLITIQUE DE L'AMÉRIQUE MÉRIDIONALE.

173. Divisions politiques. L'Amérique méridionale est divisée en quatorze parties, savoir :
Six au Nord, qui sont :

Les Etats-Unis de Colombie, ou Nouvelle-Grenade.
La république de l'Equateur,
La république de Vénézuéla,
La Guyane anglaise,
La Guyane hollandaise,
La Guyane française ;

Trois à l'Ouest, qui sont :

La république du Pérou,
La république de Bolivie,
La république du Chili ;

Quatre à l'Est, qui sont :

L'empire du Brésil,
La république du Paraguay,
La république de l'Uruguay,
La république Argentine ou de la Plata ;

Une au Sud, qui est :

La Patagonie.

174. Population. La population de l'Amérique du Sud est d'environ 26 millions d'habitants.

175. Races. La population de l'Amérique du Sud est formée par trois peuples principaux :

Les *Espagnols*, dans les Etats-Unis de Colombie, le Vénézuéla, l'Equateur, le Pérou, la Bolivie, le Chili, la république Argentine, le Paraguay et l'Uruguay ;

Les *Portugais*, au Brésil ;

Les *Indiens*.

Il y a aussi beaucoup de nègres au Brésil.

176. Religion. Le catholicisme est la religion de l'Amérique méridionale.

177. Etats-Unis de Colombie. Les Etats-Unis de Colombie, ou Nouvelle-Grenade, ont pour capitale Santa-Fé ; les villes principales sont Carthagène, Panama et Aspinwall, ou Colon. Ces deux dernières villes sont sur l'isthme de Panama.

178. République de l'Equateur. La république de l'Equateur a pour capitale Quito.

179. République de Vénézuéla. La république de Vénézuéla a pour capitale Caracas.

180. Guyanes. La Guyane anglaise a pour chef-lieu Démérari. — La Guyane hollandaise a pour chef-lieu Paramaribo ou Surinam. — La Guyane française a pour chef-lieu Cayenne ; c'est une colonie pénitentiaire, où l'on transporte une partie des condamnés aux travaux forcés.

181. Pérou. La capitale du Pérou est Lima. Les villes principales sont Cuzco et le Callao, port de commerce.

182. Bolivie. La Bolivie a pour capitale la Paz ; c'est dans ce pays que se trouvent les riches mines d'argent de Potosi.

183. Chili. Le Chili a pour capitale Santiago ; Valparaiso est un grand port de commerce.

184. Brésil. Le Brésil a pour capitale Rio de Janeiro, port très-commerçant. Les autres ports de commerce du Brésil sont Bahia et Pernambouc.

185. Paraguay, Uruguay et république Argentine. Ces trois pays renferment d'immenses steppes appelées *pampas*. Le Paraguay a pour capitale l'Assomption ; l'Uruguay a pour capitale Montevideo, port de commerce ; la république Argentine a pour capitale Buenos-Ayres, port de commerce important.

186. Patagonie. La Patagonie est une grande région couverte de pampas et habitée par des sauvages appelés Patagons, qui sont de grande taille, sans être cependant des géants, comme on l'a cru longtemps.

187. Productions. Les principales productions de l'Amérique méridionale, sont :

L'*or*, que l'on exploite au Brésil et au Pérou ;
L'*argent* et le *mercure*, que l'on exploite au Pérou et dans la Bolivie ;
Le *cuivre*, qui est abondant au Chili ;
Le *café* et le *sucre* (Brésil) ;
Le *cacao* (Vénézuéla et Brésil) ;
Le *caoutchouc* (Brésil et Guyane) ;
Le *coton* (Brésil) ;
Le *quinquina* (Andes) et l'*ipécacuanha* (Brésil) ;
Les *perles,* que l'on pêche dans le golfe de Panama.

188. Commerce. Les grands ports de commerce de l'Amérique du Sud sont :

Aspinwall ou Colon,
Pernambouc et Bahia,
Rio de Janeiro, } sur l'océan Atlantique.
Montevideo,
Buenos-Ayres,

Valparaiso,
Le Callao, } sur le Grand océan.
Guayaquil,
Panama,

189. Colonies des Européens. Les Européens ont peu de colonies aujourd'hui dans l'Amérique du Sud.

Les Français y possèdent Cayenne.

Les Anglais ont une partie de la Guyane et les îles Falkland.

Les Hollandais possèdent aussi une partie de la Guyane.

CHAPITRE VIII

OCÉANIE

---

190. Bornes. L'Océanie est un archipel situé dans le Grand océan, entre l'Asie, à l'Ouest, et l'Amérique à l'Est.

191. Détroits. Il y a un grand nombre de détroits entre toutes les îles de l'Océanie ; les plus importants sont :

> Le détroit de Malacca, entre la presqu'île de Malacca et l'île de Sumatra ;
> Le détroit de la Sonde, entre Sumatra et Java ;
> Le détroit de Macassar, entre Bornéo et Célèbes ;
> Le détroit de Torrès, entre la Nouvelle-Guinée et l'Australie ;
> Le détroit de Bass, entre l'Australie et la Tasmanie ;
> Le détroit de Cook, entre les deux îles dont se compose la Nouvelle-Zélande.

192. Montagnes et volcans. La principale chaîne de montagnes de l'Océanie se trouve dans l'Australie ; elle porte le nom de montagnes Bleues.

Sumatra, Java, Bornéo, Célèbes, les îles Philippines, les îles Sandwich et la Nouvelle-Zélande sont couvertes de hautes montagnes généralement volcaniques.

193. Fleuves et lacs. Le seul fleuve considérable de l'Océanie est le Murray, dans l'Australie. On remarque, dans la partie méridionale de ce continent, les lacs Torrens, Gairdner, Eyre et Amadeus.

194. Divisions. L'Océanie se divise en trois grandes parties, qui sont :

> A l'Ouest, la Malaisie ou archipel des Grandes-Indes ;
> Au Sud-Ouest, la Mélanésie (1) ;
> Au Nord et à l'Est, la Polynésie (2).

195. Population. On évalue la population de l'Océanie à environ 38 millions d'habitants.

196. Races et religions. Les habitants de l'Océanie sont :

> Les *Malais*, dans la Malaisie et la Polynésie ;
> Les *nègres*, dans la Mélanésie ;
> Les Anglais, les Hollandais, les Espagnols et les Français, dans leurs colonies.

Les Malais de la Malaisie sont mahométans ; ceux de la Polynésie, idolâtres. Les nègres de la Mélanésie sont les sauvages les plus abrutis de la terre.

197. Malaisie. La Malaisie comprend :

> Les îles de la Sonde,
> Les îles Moluques ou îles aux Epices,
> L'île de Bornéo,
> Les îles Philippines.

Les îles de la Sonde, les Moluques, Célèbes et Bor-

---

(1) Mélanésie, ou îles des noirs.
(2) Polynésie, ou région composée de beaucoup d'îles.

néo appartiennent en grande partie aux Hollandais. La capitale des colonies hollandaises est Batavia, grand port de commerce situé dans l'île de Java.

Les îles Philippines sont aux Espagnols; leur capitale est Manille, dans l'île de Luçon.

Les productions de la Malaisie sont nombreuses et donnent lieu à un commerce considérable; les principales sont : l'étain, le camphre, les épices, le café et le sucre.

198. Mélanésie. La Mélanésie comprend :

> L'Australie, appelée autrefois la Nouvelle-Hollande,
> La Tasmanie, appelée autrefois la Terre de Van Diémen,
> La Nouvelle-Guinée,
> La Nouvelle-Calédonie,
> Les îles Viti ou Fidji,
> Un grand nombre d'îles habitées par des nègres sauvages.

L'Australie appartient aux Anglais. Elle est divisée en cinq parties, qui forment autant de colonies séparées et qui sont :

> La *Nouvelle-Galles du Sud*, capitale Sydney, grand port de commerce ;
> *Victoria*, capitale Melbourne, grand port de commerce. Cette partie de l'Australie renferme de riches mines d'or ;
> *L'Australie méridionale*, capitale Adélaïde. Cette partie de l'Australie possède d'importantes mines de cuivre ;
> L'*Australie occidentale;*
> La *Terre de la Reine* ou *Queensland*.

La population de ces cinq colonies est d'un million et demi d'habitants. — L'Australie élève de nombreux troupeaux de moutons, dont la laine est exportée en Angleterre.

La Tasmanie, dont la capitale est Hobart-Town, est aussi aux Anglais, qui possèdent encore les îles Viti.

La Nouvelle-Calédonie est aux Français. C'est une colonie pénitentiaire où l'on transporte les condamnés aux travaux forcés et à la déportation.

199. Polynésie. La Polynésie est composée d'un grand nombre d'archipels, dont les plus importants sont :

Les îles Mariannes, aux Espagnols ;
Les îles Sandwich, qui forment un Etat assez important et civilisé, dont la capitale est Honoloulou ;
Les îles Marquises, } aux Français ;
Les îles Taïti, }
Les îles Tonga, dont les habitants sont à demi civilisés ;
La Nouvelle-Zélande, aux Anglais, capitale Auckland.

CHAPITRE IX

GÉOGRAPHIE GÉNÉRALE DE L'EUROPE

200. Bornes. L'Europe est bornée : au Nord, par l'océan Glacial boréal ; à l'Ouest, par l'océan Atlantique ; au Sud, par le détroit de Gibraltar, la Méditerranée, les Dardanelles, la mer de Marmara, le canal de Constantinople, ou Bosphore, la mer Noire et le Caucase ; à l'Est, elle est bornée par la mer Caspienne, le fleuve Oural et les monts Ourals.

201. Mers. L'Europe est baignée par diverses mers, qui sont :

La mer Blanche, formée par l'océan Glacial ;
La mer Baltique, }
La mer du Nord, } formées par l'Atlantique ;
La Manche, }
La mer d'Irlande, }

Au Sud, la Méditerranée forme :

La mer Tyrrhénienne,
La mer Adriatique,
La mer Ionienne,
La mer de l'Archipel,
La mer de Marmara,
La mer Noire,
La mer d'Azof.

202. Golfes. Les principaux golfes de l'Europe sont :

Dans la mer Baltique :

Le golfe de Bothnie,
Le golfe de Finlande,
Le golfe de Riga,
Le golfe de Dantzick.

Dans la mer du Nord :

Le Zuiderzée,
Le golfe de la Tamise,
Le golfe d'Edimbourg,
Le golfe de Murray.

Dans l'océan Atlantique :

Le golfe de Gascogne.

Dans la Méditerranée :

Le golfe du Lion,
Le golfe de Gênes,
Le golfe de Naples,
Le golfe de Tarente,
Le golfe de Venise,
Le golfe de Trieste,
Le golfe de Lépante,
Le golfe d'Athènes.

203. Détroits. Les principaux détroits sont :

Le Sund, entre la Baltique et la mer du Nord ;
Le Pas de Calais, entre la mer du Nord et la Manche ;
Le détroit de Gibraltar, entre la Méditerranée et l'océan Atlantique ;

Le canal de Malte, entre la Sicile et l'Afrique ;

Les Dardanelles, entre la Méditerranée et la mer de Marmara ;

Le Bosphore, ou canal de Constantinople, entre la mer de Marmara et la mer Noire.

204. Iles. Les principales îles de l'Europe sont :

L'Islande,
Les îles Færœe,
Les îles Danoises,   } au Nord ;
Les îles Britanniques,
Les îles Normandes,

Les îles Baléares,
La Corse,
L'île d'Elbe,
La Sardaigne,
La Sicile,   au .Sud, dans la Médi-
Malte,   terranée.
Les îles Ioniennes,
Candie ou l'île de Crète,
Les Cyclades,

205. Presqu'îles et péninsules. Les principales presqu'îles de l'Europe sont :

Au Nord : la péninsule scandinave,
          la presqu'île du Jutland,
Au Sud : la péninsule espagnole,
         la péninsule italienne,
         la péninsule gréco-turque,
         la presqu'île de Morée, réunie à la Grèce
             par l'isthme de Corinthe,
         la presqu'île de Crimée, réunie à la Rus-
             sie par l'isthme de Pérécop.

206. Caps. Les principaux caps de l'Europe sont :

Le cap Nord, en Laponie, qui est le plus septen-
    trional ;
Le cap Matapan, en Morée, qui est le plus méri-
    dional ;
Les caps Finistère, Saint-Vincent et Trafalgar, dans
    la péninsule espagnole, dans le voisinage desquels
    on a livré de grandes batailles navales.

207. Montagnes. Les principales chaînes de montagnes sont :

Les Alpes Scandinaves, en Suède ;
Les monts Grampians, en Ecosse ;
Les monts Ourals et le Caucase, en Russie ;
Les Karpathes en Hongrie ;
Les monts Sudètes,
Les monts de Bohême,
Les monts de Moravie,
Les monts des Géants,   en Allemagne ;
Les monts métalliques ou Erz-Gebirge,
La Forêt-Noire,
Les Vosges, entre la France et l'Allemagne ;
Le Jura,   en France ;
Les Cévennes,
Les Pyrénées, entre la France et l'Espagne ;
Les Alpes, entre la France, la Suisse, l'Allemagne et l'Italie ;
Les Apennins, dans l'Italie ;
Les Balkans,   en Turquie.
Les Alpes Helléniques,

208. Plateaux. Les principaux plateaux de l'Europe sont :

Le plateau de Castille, en Espagne ;
Le plateau d'Auvergne, en France ;
Le plateau de la Suisse ;
Le plateau du Harz, en Allemagne ;
Le plateau de Transylvanie, en Autriche.

209. Volcans. Les volcans de l'Europe sont :

Le mont Hécla, en Islande ;
Le Vésuve, près de Naples ;
L'Etna, en Sicile ;
Les volcans éteints de l'Auvergne.

210. Déserts et steppes. On ne trouve pas en Europe d'immenses déserts comme dans l'Asie et dans l'Afrique. Les steppes de la Russie méridionale, le long de la mer Noire, sont les plus étendues.

211. Versants. L'Europe est divisée en deux grands versants :

> Le versant septentrional,
> Le versant méridional.

Le versant septentrional de l'Europe est subdivisé en cinq versants secondaires, qui sont ceux :

> De l'océan Glacial,
> De la Baltique,
> De la mer du Nord,
> De la Manche,
> De l'Atlantique.

Le versant méridional de l'Europe est subdivisé en trois versants secondaires, qui sont ceux :

> De la Méditerranée,
> De la mer Noire et de la mer d'Azof.
> De la Caspienne.

212. Fleuves. Les fleuves qui se jettent dans ces diverses mers sont :

La Dwina du Nord, tributaire de l'océan Glacial :

La Tornéa,
Le Dal,
L'Oder,
La Vistule,   } tributaires de la Baltique ;
Le Niémen,
La Dwina du Sud,
La Néva,

L'Elbe,
Le Weser,
Le Rhin,   } tributaires de la mer du Nord :
L'Escaut,
La Tamise,

La Seine, qui se jette dans la Manche ;

La Loire,
La Gironde,
Le Douro,   } tributaires de l'océan Atlan-
Le Tage,   tique.
La Guadiana,
Le Guadalquivir,

Les fleuves qui se jettent dans la **Méditerranée sont** :

L'Ebre,
Le Rhône,
Le Tibre,
Le Pô.

Ceux qui se jettent dans la **mer Noire et la mer d'A-**
zof sont :

Le Danube,
Le Dniester,
Le Dnieper,
Le Don.

Deux grands fleuves versent leurs eaux dans la mer
Caspienne; ce sont :

Le Volga et l'Oural.

213. **Lacs**. Les principaux lacs de l'Europe sont :

En Russie, les lacs Ladoga et Onéga;
En Suède, les lacs Wener, Wetter et Mælar;
En Suisse, les lacs de Genève, de Neufchâtel, de
Lucerne, de Zurich et de Constance;
En Italie, les lacs Majeur, de Côme, de Garde et de
Trasimène;
En Hongrie, le lac Balaton.

214. **Divisions politiques**. L'Europe est divisée
en quinze parties, qui sont :
Quatre au Nord :

L'empire de Russie,
Les royaumes-unis de Suède et de Norvége,
Le royaume de Danemark,
Le royaume d'Angleterre;

Six au centre :

L'empire d'Allemagne,
L'empire d'Autriche-Hongrie,
La Suisse,
Le royaume de Hollande ou des **Pays-Bas**,

Le royaume de Belgique,
La France ;

Cinq au Sud :

Le royaume de Portugal,
Le royaume d'Espagne,
Le royaume d'Italie,
La Turquie,
La Grèce.

215. Population. La population de l'Europe est de 304 millions d'habitants.

216. Races. Les peuples de l'Europe appartiennent à trois races :

La race hindo-européenne ;
La race ibérienne ;
La race scythique.

Les peuples de **race hindo-européenne** sont :

Les *Français ;*
Les *Allemands*, auxquels se rattachent :
　Les *Danois*, les *Suédois* et les *Norvégiens*,
　Les *Anglais*,
　Les *Hollandais* et les *Flamands ;*
Les *Slaves*, qui comprennent les *Russes* et les *Po-lonais ;*
Les *Italiens ;*
Les *Grecs*, auxquels se rattachent les *Valaques* ou *Roumains.*

Les peuples de race ibérienne sont :

Les *Basques ;*
Les *Espagnols* et les *Portugais.*

Les peuples de race scythique sont :

Les *Finnois* de Suède et de Russie ;
Les *Turks.*

217. Religions. Les Etats catholiques de l'Europe sont : la France, l'Espagne, le Portugal, l'Italie, la Belgique, la Bavière, l'Autriche, l'Irlande, la Pologne et plusieurs cantons de la Suisse. La Prusse, la Suisse, la Hollande et l'Angleterre comptent aussi beaucoup de catholiques.

Les Etats protestants sont : la Prusse, la Hollande, l'Angleterre, l'Ecosse, la Suède, la Norvége, le Danemark et une partie des cantons suisses.

Les Etats qui suivent l'Eglise grecque sont : la Russie et la Grèce.

Les Turks sont mahométans ; mais il y a un grand nombre de chrétiens grecs dans la Turquie.

CHAPITRE X

EUROPE DU NORD

RUSSIE, SUÈDE, NORVÉGE, DANEMARK, ANGLETERRE

---

§ 1. — EMPIRE DE RUSSIE.

218. La Russie est bornée : au Nord, par l'océan Glacial ; à l'Est, par les monts Ourals et le fleuve Oural ; au Sud, par la mer Caspienne, le Caucase et la mer Noire ; à l'Ouest, par la Moldavie, l'Autriche, la Prusse, la mer Baltique et la Suède.

219. La Russie possède encore, en Asie, la Sibérie, la Russie du Caucase et l'Asie centrale russe. Cet immense empire est peuplé de 83 millions d'habitants, dont 75 millions en Europe.

220. Les principales villes de la Russie sont *Saint-Pétersbourg*, capitale de l'empire ; *Moscou* ; *Varsovie*, capitale de la Pologne ; *Cronstadt*, port de guerre sur la mer Baltique ; *Sébastopol*, sur la mer Noire ; *Riga, Odessa, Astrakhan*, ports de commerce ; *Kazan, Kief, Norgorod* et *Smolensk*.

La religion dominante en Russie est le culte grec ; l'empereur est le chef de l'église grecque en Russie. Le gouvernement est la monarchie absolue.

§ 2. — ROYAUME DE SUÈDE ET DE NORVÉGE.

221. Le royaume de Suède et de Norvege, qui se compose de la péninsule scandinave, est borné : au Nord, par l'océan Glacial ; à l'Est, par la Russie et la mer Baltique ; au Sud, par la mer Baltique et le Sund ; à l'Ouest, par l'océan Atlantique.

222. Les villes principales sont : *Stockholm*, capitale de la Suède, et *Christiania*, capitale de la Norvége.

§ 3. — ROYAUME DE DANEMARK.

223. Le royaume de Danemark est composé du Jutland et des îles Danoises ; il est situé entre la Baltique et la mer du Nord.

224. La capitale du Danemark est *Copenhague ;* une des villes principales de ce pays est *Elseneur*, port de commerce sur le Sund.

Le Danemark possède aussi l'Islande et les îles Færœc.

§ 4. — ANGLETERRE.

225. Le royaume d'Angleterre se compose d'un archipel qu'on appelle les *îles Britanniques* et dont les principales sont : la Grande-Bretagne et l'Irlande.

Les îles Britanniques sont bornées : au Nord et à l'Ouest, par l'océan Atlantique; au Sud, par la Manche et le Pas de Calais; à l'Est, par la mer du Nord.

Elles comprennent quatre pays, qui sont :

L'Ecosse,
L'Angleterre, } dans la Grande-Bretagne,
Le pays de Galles,
L'Irlande.

226. Les villes principales de l'Angleterre sont : *Londres*, capitale, grande ville de 3.500,000 habitants et centre d'un immense commerce; — *Liverpool*, *Southampton*, *Hull*, *Newcastle*, *Bristol*, *Douvres*, ports de commerce ; — *Portsmouth*, *Plymouth*, *Woolwich*, ports de guerre et arsenaux ; — *Oxford et Cambridge*, universités; — *York* et *Cantorbery*, archevêchés; — un grand nombre de villes industrielles, parmi lesquelles on doit connaître : *Birmingham*, où l'on fabrique des machines, des armes, des outils, de la quincaillerie, des plumes de fer, etc., *Bradford* (tissus de laine et d'alpaga), *Derby* (soieries), *Honiton* (point d'Angleterre), *Kidderminster* (tapis), *Leeds* (draps), *Leicester* (bas de laine), *Maidstone* (papier), *Manchester* (cotonnades), *Nottingham* (bas et tulles), *Sheffield* (coutellerie, outils), *Stoke-Upon-Trent* (poterie), *Wolverhampton* (serrurerie et quincaillerie) et *Worcester* (porcelaine).

227. Les villes principales du pays de Galles sont : *Merthyr-Tidwil*, grand centre de fabrication de fer ; *Swansea*, ville importante par ses fonderies de cuivre.

Les villes principales de l'Ecosse sont : *Edimbourg*, capitale ; *Glasgow*, port de commerce et ville industrielle.

La ville principale de l'Irlande est *Dublin*, capitale.

228. L'Angleterre est un pays très-important par son industrie et son commerce, par sa puissante marine et par ses colonies.

Les principales colonies ou possessions de l'Angleterre sont :

En *Europe*, les îles Normandes, Gibraltar et Malte ;

En *Asie*, l'Inde, Ceylan, Singapour. Hong-kong et Aden ;

En *Afrique*, Sainte-Hélène, le Cap. Natal et l'île Maurice ;

En *Amérique*, le Canada, la Nouvelle-Ecosse. la Jamaïque et la Barbade ;

Dans l'*Océanie*, l'Australie, la Tasmanie et la Nouvelle-Zélande.

229. La population de l'Angleterre est de 33 millions et demi d'habitants.

La population de ses colonies est de 250 millions.

Le gouvernement de l'Angleterre est la monarchie constitutionnelle. La religion principalement suivie en Angleterre est l'anglicanisme, sorte de protestantisme : le souverain d'Angleterre est le chef de l'église anglicane. Les Ecossais sont protestants et les Irlandais sont catholiques.

CHAPITRE XI

EUROPE CENTRALE

ALLEMAGNE, SUISSE, HOLLANDE ET LUXEMBOURG,
BELGIQUE, FRANCE

§ I. — ALLEMAGNE.

230. La confédération Germanique, créée en 1815,
a été détruite par la Prusse en 1866 ; depuis cette époque et la guerre de France (1870-71), l'Allemagne est
divisée en 2 grandes parties, savoir :

L'empire d'Allemagne,
L'empire d'Autriche-Hongrie.

231. Empire d'Allemagne. L'empire d'Allemagne, créé en 1871, se compose : 1° de 25 Etats confédérés, dont les plus importants sont :

Le royaume de Prusse,
Le royaume de Bavière,
Le royaume de Saxe,
Le royaume de Wurtemberg,
Le grand-duché de Bade,
Les grands-duchés de Hesse-Darmstadt, de Mecklen-
bourg, de Saxe-Weimar et d'Oldenbourg,
Les duchés d'Anhalt, de Brunswick et de Saxe-
Cobourg,
Les villes libres anséatiques de Brême, Hambourg
et Lubeck ;

2° Et d'un territoire enlevé à la France et gouverné

par l'empereur d'Allemagne. Ce territoire est composé de l'Alsace et de la Lorraine allemande perdues par la France, en 1871.

L'empire d'Allemagne est peuplé de 42 millions et demi d'habitants, dont 25 millions forment la population de la Prusse, qui est l'Etat le plus important de l'empire, non-seulement parce qu'il est le plus peuplé, mais aussi parce que c'est le roi de Prusse qui commande l'armée de tous les Etats et qui décide la paix et la guerre.

232. Royaume de Prusse. La Prusse est bornée : au Nord, par la mer Baltique, le Danemark et la mer du Nord ; à l'Ouest, par la Hollande et la Belgique ; au Sud, par la Bavière, la Saxe et l'Autriche ; à l'Est, par la Russie.

Les principales villes de la Prusse sont : *Berlin*, capitale du royaume ; *Dantzick*, port de commerce sur la Baltique ; *Kiel*, port de mer dans le Holstein ; *Breslau*, capitale de la Silésie ; *Posen*, capitale du duché de Posen ; *Stettin*, capitale de la Poméranie ; *Magdebourg* ; *Hanovre*, dans la province de ce nom ; *Cassel*, dans la province de Hesse ; *Coblentz, Cologne, Aix-la-Chapelle, Dusseldorf, Crevelt, Elberfeld, Barmen, Remscheid, Solingen* et *Essen*, dans la Prusse rhénane.

233. La population de la Prusse est de 25 millions et demi d'habitants, dont les deux tiers sont protestants ; l'autre tiers est catholique. Le gouvernement est la monarchie constitutionnelle.

234. Petits Etats de l'empire d'Allemagne. Les petits Etats de l'empire d'Allemagne sont au nombre de 24, dont les principaux sont :

Le royaume de Bavière, capitale *Munich* ; villes principales : *Augsbourg, Ratisbonne, Nuremberg* et *Spire*. chef-lieu de la Bavière rhénane ou Palatinat.

Le royaume de Saxe, capitale *Dresde ;* ville principale, *Leipsick.*

Le royaume de Wurtemberg, capitale *Stuttgart.*

Le grand-duché de Bade, capitale *Carlsruhe.*

Les grands-duchés de Hesse-Darmstadt, de Mecklenbourg, de Saxe-Weimar et d'Oldenbourg, capitales *Darmstadt, Schwerin, Strelitz, Weimar* et *Oldenbourg.*

Les duchés d'Anhalt, de Brunswick et de Saxe-Cobourg, capitales *Dessau, Brunswick* et *Cobourg.*

Les villes libres anséatiques, qui sont : *Brême, Lubeck* et *Hambourg.* La plus importante des trois est Hambourg, grand centre de commerce.

Les villes principales de l'Alsace-Lorraine sont *Strasbourg* et *Metz.*

235. Zollwerein. Tous les Etats de l'empire d'Allemagne, à l'exception de Hambourg, font partie d'une association commerciale et douanière appelée le **Zollwerein,** qui comprend aussi le grand-duché de **Luxembourg** et l'Alsace-Lorraine.

236. Empire d'Autriche-Hongrie. L'empire d'Autriche-Hongrie est borné : au Nord, par la Russie, la Prusse et la Saxe ; à l'Ouest, par la Bavière, la Suisse et le royaume d'Italie ; au Sud, par la mer Adriatique et la Turquie ; à l'Est, par la Russie et la Turquie.

La capitale de l'empire d'Autriche est *Vienne.* Les villes principales sont : *Bude,* capitale de la Hongrie ; *Prague,* capitale de la Bohême ; *Trieste,* port de commerce sur l'Adriatique ; *Raguse,* dans la Dalmatie ; *Trente,* dans le Tyrol.

237. La population de l'empire d'Autriche est de 37 millions et demi d'habitants. Le catholicisme est la religion dominante. Le gouvernement est une monarchie constitutionnelle.

§ 2. — SUISSE OU CONFÉDÉRATION HELVÉTIQUE.

238. La Suisse est bornée : au Nord, par l'Allemagne ; à l'Est, par l'Autriche ; au Sud, par l'Italie ; à l'Ouest, par la France.

La Suisse est composée de 22 cantons confédérés.

La capitale de la confédération est *Berne*. Les autres villes principales sont : *Bâle, Schaffhouse, Zurich, Saint-Gall, Genève, Lausanne, Fribourg* et *Lucerne*.

§ 3. — HOLLANDE ET GRAND-DUCHÉ DE LUXEMBOURG.

239. Le royaume de Hollande ou des Pays-Bas est borné : au Nord et à l'Ouest, par la mer du Nord ; au Sud, par la Belgique, et à l'Est, par la Prusse.

La Hollande a pour capitale *la Haye*. Les principales villes de ce pays sont : *Amsterdam, Rotterdam*, grands ports de commerce ; *Utrecht, Nimègue, Leyde, Maestricht*. — Le grand-duché de Luxembourg est un État séparé de la Hollande, mais qui appartient au roi de Hollande ; il a pour capitale *Luxembourg*.

240. La Hollande est un pays important par sa marine, son commerce et ses colonies. Elle a, dans la Malaisie, un grand nombre de riches possessions. (Voy. n° 197.)

§ 4. — BELGIQUE.

241. La Belgique est bornée : au Nord par la Hollande ; à l'Est, par la Prusse et le Luxembourg ; au Sud, par la France, et à l'Ouest, par la mer du Nord.

La capitale de la Belgique est *Bruxelles*. Les villes principales de ce pays, fort important par son industrie, sont : *Anvers* et *Ostende*, ports de commerce, *Gand, Tournay, Charleroi, Namur, Liége, Malines, Verviers* et *Bruges*.

FRANCE, voyez page 84.

CHAPITRE XII

EUROPE MÉRIDIONALE

PORTUGAL, ESPAGNE, ITALIE, TURQUIE, GRÈCE

§ 1. — PORTUGAL.

242. Le Portugal est borné : au Nord et à l'Est, par l'Espagne ; au Sud et à l'Ouest, par l'océan Atlantique.

Le Portugal a pour capitale *Lisbonne*. Les villes les plus importantes du pays sont : *Porto*, port de commerce, et *Coïmbre*.

§ 2. — ESPAGNE.

243. L'Espagne est bornée : au Nord, par la France ; à l'Est, par la Méditerranée ; au Sud, par le détroit de Gibraltar ; à l'Ouest, par le Portugal et l'Atlantique.

L'Espagne a pour capitale *Madrid*. Les villes importantes de l'Espagne sont : *Barcelone, Malaga, Cadix* et *Port-Mahon*, ports de commerce ; *le Ferrol, la Corogne* et *Carthagène*, ports de guerre ; *Séville, Cordoue, Grenade, Tolède, Saragosse, Pampelune, Salamanque, Valladolid* et *Burgos*.

Gibraltar appartient à l'Angleterre.

L'Espagne possède l'île de Cuba, en Amérique, et les îles Philippines, dans l'Océanie.

§ 3. — ITALIE.

244. L'Italie est bornée : au Nord, par les Alpes. qui la séparent de la France, de la Suisse et de l'Allemagne ; à l'Est, par la mer Adriatique ; au Sud et à l'Ouest, par la Méditerranée.

L'Italie forme aujourd'hui un seul État, appelé le royaume d'Italie.

245. Le royaume d'Italie se compose :

1º de l'ancien royaume de Piémont :
2º de la Lombardie, cédée au Piémont par l'Autriche, à la paix de Villafranca, en 1859 :
3º de la Vénétie, cédée au Piémont par l'Autriche, à la paix de Prague, en 1866 ;
4º des duchés de Parme, de Modène et de Toscane. annexés au Piémont ;
5º des Etats de l'Eglise. annexés au Piémont ;
6º du royaume de Naples et de la Sicile. annexés au Piémont.

246. Les villes principales du royaume d'Italie sont : *Rome*, capitale du royaume d'Italie, résidence du Pape et métropole de la chrétienté ; *Turin*, ancienne capitale du Piémont ; *Gênes*, port de commerce ; *Cagliari*, capitale de l'île de Sardaigne. — *Milan*. chef-lieu de la Lombardie ; *Venise*, chef-lieu de la Vénétie. — *Parme* et *Modène*, chefs-lieux des anciens duchés de même nom ; *Carrare*, célèbre par ses carrières de marbre blanc statuaire. — *Florence*, ancienne capitale de la Toscane ; *Livourne*, port de commerce. — *Bologne*. capitale de la Romagne ; *Ancône*, ville maritime dans la marche d'Ancône ; *Pérouse* et *Spolète*, dans l'Ombrie. — *Naples*, grande ville maritime, ancienne capitale du royaume de Naples ; *Palerme*, ville maritime, capitale de la Sicile ; *Messine*, sur le détroit ou Phare de Messine.

247. La population du royaume d'Italie est de 27

millions et demi d'habitants. Son gouvernement est la monarchie constitutionnelle. Tous les Italiens sont catholiques.

248. Deux îles de l'Italie appartiennent à des puissances étrangères : l'une est la *Corse,* qui est à la France ; l'autre est l'île de *Malte,* qui appartient à l'Angleterre.

§ 4. — TURQUIE.

249. La Turquie d'Europe est bornée : au Nord, par l'Autriche et la Russie ; à l'Est, par la mer Noire ; au Sud, par la mer de l'Archipel et la Grèce ; à l'Ouest, par la mer Adriatique et l'Autriche.

La Turquie d'Europe comprend : la Turquie proprement dite, la Serbie, la Roumanie et le Monténégro.

La capitale de la Turquie est *Constantinople*. Les villes principales sont : *Andrinople, Varna, Gallipoli* et *Salonique.*

250. La principauté de Serbie a pour capitale *Belgrade.* — La Roumanie, composée de la Valaquie et de la Moldavie, a pour villes principales *Bukharest, Jassy* et *Galatz.* — Le Monténégro a pour capitale *Cettigne.* — Ces trois principautés sont vassales de la Turquie.

§ 5. — GRÈCE.

251. Le royaume de Grèce est borné : au Nord, par la Turquie ; à l'Est, par l'Archipel ; au Sud, par la Méditerranée ; et à l'Ouest, par la mer Ionienne. Il possède les îles Ioniennes et les Cyclades.

La Grèce a pour capitale *Athènes.* Les villes principales sont : *le Pirée*, port de commerce ; *Lépante, Corinthe, Nauplie de Romanie* et *Navarin*, dans la Morée ; *Syra* ou *Hermopolis*, port de commerce situé dans une des îles Cyclades.

252. Les îles Ioniennes sont situées sur la côte occidentale de la Grèce ; leur capitale est *Corfou*, dans l'île de ce nom.

CHAPITRE XIII

PRODUCTIONS

---

253. Les principales productions de l'Europe, dans le règne minéral, sont le fer et la houille, à l'aide desquels l'industrie européenne a acquis les développements qu'elle a aujourd'hui.

L'Angleterre est le pays le plus riche en fer et en houille ; c'est aussi le pays industriel le plus considérable de l'Europe et du monde.

254. Les principaux produits des cultures de l'Europe sont : les céréales (blé, orge, seigle, maïs, avoine), la pomme de terre, le lin, le chanvre, la betterave, le tabac, la garance, le colza et les olives, le houblon, le vin, les fruits et la soie.

255. L'Europe renferme peu d'animaux sauvages, mais ses prairies nourrissent de belles races de chevaux, de bœufs et de moutons.

DEUXIÈME PARTIE

GÉOGRAPHIE DE LA FRANCE

CHAPITRE PREMIER
GÉOGRAPHIE PHYSIQUE

1. Bornes. La France est bornée : au Nord-Est par la Belgique et le duché de Luxembourg ; à l'Est, par l'empire d'Allemagne, la Suisse et le royaume d'Italie ; au Sud, par la Méditerranée et l'Espagne ; à l'Ouest, par l'océan Atlantique ; au Nord-Ouest, par la Manche, le Pas de Calais et la mer du Nord.

2. Frontières et places fortes. Les frontières de la France sont au nombre de six, dont trois maritimes et trois continentales, savoir :

Frontières continentales :

Frontière du Nord,
Frontière de l'Est,
Frontière du Sud.

Frontières maritimes :

Frontière de la Manche,
Frontière de l'Atlantique,
Frontière de la Méditerranée.

Les grandes places fortes qui défendent la France sont :

Paris, Lille, Béfort, Besançon, Lyon, Grenoble, Briançon, Toulon, Perpignan, Bayonne, Brest et Cherbourg.

3. Superficie. La superficie de la France est de

528,000 kilomètres carrés. — On appelle *kilomètre carré* un carré de terrain qui a un kilomètre ou 1000 mètres sur chaque côté.

4. Golfes et baies. Au Nord, la mer de la Manche forme la *baie de la Somme*, le *golfe du Calvados* et le *golfe de Saint-Malo*. A l'Ouest, l'océan Atlantique forme la *rade de Brest*, le *golfe du Morbihan*, le grand *golfe de Gascogne* et le *bassin d'Arcachon*. Au Sud. la Méditerranée forme le *golfe du Lion*, le *golfe* ou *étang de Berre* et la *rade de Toulon*.

5. Détroits. Le principal détroit que l'on remarque sur les côtes de la France est le *Pas de Calais*, large de 28 kilomètres, et que les paquebots à vapeur traversent en deux heures. Le Pas de Calais joint la mer du Nord à la Manche et sépare la France de l'Angleterre.

A l'Ouest, on trouve le *pertuis Breton*, entre la côte et l'île de Ré ; le *pertuis d'Antioche*. entre l'île de Ré et l'île d'Oléron ; le *pertuis de Maumusson*. entre l'île d'Oléron et la côte.

6. Presqu'îles. Les principales presqu'îles de la France sont : la *presqu'île du Cotentin*, qui forme le département de la Manche, la *Bretagne*, la *presqu'île de Quiberon* et la *presqu'île de Rhuys*.

7. Iles. Les îles que l'on remarque sur les côtes de France sont : au Nord, dans la Manche, les *îles Normandes* (Jersey), qui appartiennent à l'Angleterre ; et à l'Ouest, dans l'Atlantique, l'*île d'Ouessant, Belle-Isle. Noirmoutier*, l'*île d'Yeu, Ré* et *Oléron*.

Au Sud, dans la Méditerranée, on trouve les *îles d'Hyères* et les *îles de Lérins*.

8. Caps. Les principaux caps de la France sont : au Nord, le *cap Gris-Nez* sur le Pas de Calais ; la *pointe de la Hève* à l'embouchure de la Seine ; la *pointe de*

Barfleur et le *cap de la Hague*, à l'extrémité du Cotentin ; — à l'Ouest, la *pointe de Saint-Matthieu* ou *cap Finistère*, à l'extrémité de la Bretagne ; la *pointe du Croisic*, à l'embouchure de la Loire ; la *pointe de Grave*, à l'embouchure de la Gironde ; au Sud, *la pointe de Cerbera*, sur la Méditerranée, à la limite de la France et de l'Espagne.

9. Ports. Pour compléter l'étude du littoral de la France, il faut ajouter les noms des plus grands ports de guerre et de commerce. Les plus importants sont :

Cherbourg, Brest, Lorient, Rochefort et Toulon, ports de guerre.

Sur la mer du Nord et sur la Manche, les principaux ports de commerce sont :

Dunkerque, Calais, Boulogne, le Havre, Rouen, Granville et Morlaix ;

Sur l'Atlantique : Saint-Nazaire, Nantes, la Rochelle, Bordeaux et Bayonne ;

Sur la Méditerranée : Port-Vendres, Cette, Marseille et Nice.

10. Landes et bruyères. Le sol de la France, presque partout fertile et bien cultivé, présente cependant dans la Bretagne quelques parties peu fertiles et qu'on désigne sous le nom de *bruyères*. Au Sud-Ouest, on trouve aussi les *landes*, grandes plaines sablonneuses et souvent stériles. Dans le centre, il y a les *brandes* ou landes de la Sologne, qui sont stériles, et dans le Sud, les *steppes* de la Crau et de la Camargue.

11. Plateau. Le principal plateau de la France est au centre même du pays, dans les provinces d'Auvergne, du Limousin, du Forez, du Vivarais, du Gévaudan, du Velay et du Rouergue. Ce grand plateau porte le nom de plateau d'Auvergne ou de plateau central de la France. Il est montagneux, traversé par un grand nombre de rivières et couvert de pâturages.

12. Montagnes. Les principales chaînes de montagnes de la France sont :

> Les Vosges, entre la France et l'Allemagne,
> Le Jura, entre la France et la Suisse,
> Les Cévennes,
> Les monts d'Auvergne et du Limousin,
> Une partie des Alpes, entre la France et l'Italie,
> Une partie des Pyrénées, entre la France et l'Espagne.

13. Ligne de partage des eaux de la France. La ligne de partage des eaux de la France sépare la France en deux versants, savoir :

> Le versant de l'océan Atlantique,
> Le versant de la Méditerranée.

Elle est formée par :

> Le Jura,
> Les monts Faucilles,
> Le plateau de Langres,
> La Côte d'Or,
> Les Cévennes,
> Les Corbières,
> Les Pyrénées.

14. Fleuves et rivières. Les fleuves et rivières de la France qui se jettent dans l'océan Atlantique sont :

> La Meuse,
> L'Escaut,
> La Somme,
> La Seine,
> L'Orne,
> La Vilaine,
> La Loire,
> La Charente,
> La Garonne,
> L'Adour.

Les fleuves et les rivières qui se jettent dans la Méditerranée, sont :

L'Aude,
L'Hérault,
Le Rhône,
Le Var.

15. Bassin du Rhin. La France n'est plus arrosée par le Rhin; mais la partie de la Lorraine qui nous reste est traversée par un affluent du Rhin, la *Moselle*, qui passe à Epinal et reçoit la *Meurthe*, qui passe à Nancy.

16. Bassin de la Meuse. La Meuse prend sa source au plateau de Langres, arrose Verdun, Sedan et Mézières. Elle sort de France à Givet et entre en Belgique.

Son principal affluent est la *Sambre*, qui arrose Landrecies et Maubeuge.

17. Bassin de l'Escaut. Le cours de l'Escaut n'est pas tout entier à la France; ce fleuve arrose Cambrai et Valenciennes, puis entre en Belgique.

Son affluent principal est la *Scarpe*, qui passe à Arras et à Douai.

18. Bassin de la Somme. La Somme arrose Saint-Quentin, Amiens et Abbeville.

19. Bassin de la Seine. La Seine prend sa source dans la Côte-d'Or; elle passe à Troyes, Montereau, Melun, Paris, Saint-Denis, Rouen; elle se jette dans la Manche, au Havre.

Les affluents de la Seine sont :

A droite : l'Aube,
la Marne,
l'Oise, grossie de l'Aisne ;
A gauche : l'Yonne,
l'Eure.

L'*Aube* arrose Bar et Arcis-sur-Aube.

La *Marne* passe à Saint-Dizier, à Châlons et à Meaux.

L'*Oise* passe à Compiègne, à Creil et à Pontoise.

L'*Aisne* arrose Soissons.

L'*Yonne* passe à Sens et à Auxerre.

L'*Eure* arrose Chartres et Louviers.

La ceinture du bassin de la Seine, c'est-à-dire l'ensemble des hauteurs qui séparent son bassin des bassins voisins se compose :

Des collines du pays de Caux.
Des collines de Picardie,
Des Ardennes occidentales,
De l'Argonne,
Du plateau de Langres,
De la Côte d'Or,
Des monts du Morvan,
Du plateau d'Orléans,
Des collines du Perche.
Des collines du Lieuvin.

20. Bassin de l'Orne. L'Orne arrose Caen.

21. Bassin de la Vilaine. La Vilaine arrose Rennes ; elle a pour affluent l'*Ille* (1).

22. Bassin de la Loire. La Loire prend sa source dans les Cévennes ; elle passe à Roanne, Nevers, Orléans, Blois, Tours, Saumur et Nantes ; elle se jette dans l'océan Atlantique à Saint-Nazaire.

Les affluents de la Loire sont :

A droite : la Nièvre,
la Maine ;

---

(1) Il y a deux rivières en France qui s'appellent ainsi, mais dont l'orthographe est différente :
L'*Ille,* en Bretagne, affluent de la Vilaine ;
L'*Isle,* en Guyenne, affluent de la Dordogne.
En Alsace et dans le Tyrol, il y a aussi deux rivières appelées *Ill.*

A gauche : l'Allier,
le Cher,
l'Indre,
la Vienne.

La *Nièvre* donne son nom à un département et se jette dans la Loire à Nevers.

La *Maine* est formée par la réunion de trois rivières, qui sont : la Mayenne, la Sarthe et le Loir.

La *Mayenne* passe à Laval; la *Sarthe* passe à Alençon et au Mans; le *Loir* arrose la Flèche. — La Maine passe à Angers.

L'*Allier* arrose Moulins.

Le *Cher* passe à Vierzon.

L'*Indre* passe à Châteauroux.

La *Vienne* arrose Limoges.

La ceinture du bassin de la Loire est formée par :

Les collines du Poitou,
Les monts du Limousin,
Les montagnes d'Auvergne,
Les montagnes de la Margeride,
Les Cévennes,
La Côte d'Or,
Les monts du Morvan,
Le plateau d'Orléans,
Les collines du Perche,
Les collines de la Normandie et du Maine.

23. Bassin de la Charente. La Charente passe à Angoulême, à Saintes et à Rochefort.

24. Bassin de la Garonne. La Garonne prend sa source dans les Pyrénées; elle passe à Toulouse, à Agen et à Bordeaux.

Les affluents de la Garonne sont :

A droite : l'Ariége,
le Tarn,
le Lot,
la Dordogne;
A gauche : le Gers.

L'*Ariége* arrose Foix.

Le *Tarn* arrose Albi et Montauban.

Le *Lot* passe à Cahors.

La *Dordogne* arrose Bergerac et Libourne.

Le *Gers* passe à Auch.

Après avoir reçu la Dordogne au Bec d'Ambez, la Garonne prend le nom de Gironde.

La ceinture du bassin de la Garonne est formée par :

> Les monts du Limousin,
> Les montagnes d'Auvergne,
> Les montagnes de la Margeride,
> Les Cévennes,
> Les Corbières,
> Les Pyrénées,
> Les montagnes du Bigorre.

25. Bassin de l'Adour. L'Adour arrose Tarbes et Bayonne ; il reçoit plusieurs rivières qui descendent des Pyrénées, et qui portent le nom de *gave* ; ex. : le gave de Pau.

26. Bassin de l'Aude. L'Aude arrose Carcassonne.

27. Bassin du Rhône. Le Rhône prend sa source dans les Alpes, au mont Saint-Gothard ; il coule d'abord en Suisse et traverse le lac de Genève ; il entre en France un peu au-dessous de Genève, et passe à Lyon, à Vienne, à Valence, à Avignon, à Beaucaire et à Arles. Au-dessous de cette ville, il se partage en plusieurs bras qui forment un delta qu'on appelle l'île de la Camargue.

Les affluents du Rhône sont :

> A gauche : l'Isère,
> la Drôme,
> la Durance ;
> A droite : l'Ain,
> la Saône, grossie du Doubs,
> l'Ardèche et le Gard.

L'*Isère* descend des Alpes, arrose la Savoie et passe à Grenoble.

La *Drôme* passe à Die.

La *Durance* descend des Alpes, passe à Briançon et à Embrun.

L'*Ain* sort du Jura, et donne son nom à un département.

La *Saône* arrose Gray, Chalon, Mâcon, et se jette dans le Rhône à Lyon ; elle reçoit sur sa gauche le *Doubs*, qui passe à Besançon.

L'*Ardèche* et le *Gard* descendent des Cévennes et donnent leur nom à des départements.

La ceinture du bassin du Rhône est formée par :

Les Alpes de Provence,
Les Alpes Grées, Cottiennes et Pennines,
Les Alpes Bernoises et le Jorat,
Le Jura,
Les monts Faucilles,
Le plateau de Langres,
La Côte d'Or,
Les Cévennes.

28. Bassin du Var. Le Var descend des Alpes et arrose le département des Alpes-Maritimes.

CHAPITRE II

GÉOGRAPHIE POLITIQUE

---

§ 1. — PROVINCES ET PAYS.

29. Ancienne division en provinces. Avant 1789, la France était divisée en 38 provinces, savoir :

AU NORD, 5.

La *Flandre*, capitale Lille ;
L'*Artois*, capitale Arras ;
La *Picardie*, capitale Amiens;
La *Normandie*, capitale Rouen ;
L'*Ile-de-France*, capitale Paris.

AU NORD-EST, 5.

La *Champagne*, capitale Troyes ;
La *Lorraine*, capitale Nancy ;
Les *évêchés de Metz* et *de Verdun*, capitale Metz :
L'*évêché de Toul*, capitale Toul ;
L'*Alsace*, capitale Strasbourg (1).

A L'EST, 2.

La *Franche-Comté*, capitale Besançon ;
La *Bourgogne*, capitale Dijon.

AU SUD-EST, 4.

Le *Lyonnais*, capitale Lyon ;
Le *Dauphiné*, capitale Grenoble :
La *Provence*, capitale Aix (2) ;
La *Corse*, capitale Bastia.

AU SUD, 3.

Le *Languedoc*, capitale Toulouse ;
Le *Roussillon*, capitale Perpignan ;
Le *comté de Foix*, capitale Foix.

---

(1) L'Alsace, à l'exception de l'arrondissement de Béfort, n'appartient plus à la France depuis le désastreux traité de Francfort (1871).

(2) Le comtat Venaissin, qui a formé le département de Vaucluse, n'a été réuni à la France qu'en 1791 ; avant cette époque, il appartenait au Pape.

AU SUD-EST, 3.

La *Guyenne*, capitale Bordeaux ;
La *Gascogne*, capitale Auch ;
Le *Béarn* et la *Navarre*, capitale Pau.

A L'OUEST, 8.

La *Bretagne*, capitale Rennes ;
Le *Maine*, capitale le Mans ;
L'*Anjou*, capitale Angers ;
Le *Saumurois*, capitale Saumur ;
Le *Poitou*, capitale Poitiers ;
L'*Aunis*, capitale la Rochelle ;
La *Saintonge*, capitale Saintes ;
L'*Angoumois*, capitale Angoulême.

AU CENTRE, 8.

La *Touraine*, capitale Tours ;
L'*Orléanais*, capitale Orléans ;
Le *Nivernais*, capitale Nevers ;
Le *Berry*, capitale Bourges ;
Le *Bourbonnais*, capitale Moulins ;
L'*Auvergne*, capitale Clermont ;
Le *Limousin*, capitale Limoges ;
La *Marche*, capitale Guéret.

30. Chaque province comprenait un certain nombre de *pays* qui sont fort importants à connaître au point de vue de l'histoire, de l'agriculture et de la géographie physique, et aussi parce que le nom des *pays* s'est toujours conservé dans les usages.

31. Flandre. La Flandre comprenait quatre pays :

La *Flandre flamande*, chef-lieu Dunkerque ;
La *Flandre wallonne* ou *française*, chef-lieu Lille ;
Le *Hainaut français*, chef-lieu Valenciennes ;
Le *Cambrésis*, chef-lieu Cambrai.

32. Picardie. La Picardie se divisait en six pays,
savoir :

Le *Vermandois*, chef-lieu Saint-Quentin ;
L'*Amiénois*, chef-lieu Amiens ;
Le *Santerre*, chef-lieu Péronne ;
Le *Ponthieu*, chef-lieu Abbeville ;
Le *Boulonnais*, chef-lieu Boulogne ;
Le *Pays reconquis*, chef-lieu Calais.

33. Normandie. Les principaux pays de la Normandie sont :

Le *pays de Caux*, chef-lieu Dieppe :
Le *pays de Bray*, chef-lieu Neufchâtel ;
La *vallée d'Auge*, chef-lieu Pont-l'Evêque ;
Le *Bessin*, chef-lieu Bayeux ;
Le *Cotentin*, chef-lieu Coutances ;
L'*Avranchin*, chef-lieu Avranches ;
Le *Vexin normand*, chef-lieu Gisors :
Le *Perche*, chef-lieu Mortagne.

34. Ile-de-France. Les principaux pays de l'Ile-
de-France sont :

Le *Laonnais*, chef-lieu Laon (1) :
Le *Soissonnais*, chef-lieu Soissons :
Le *Beauvaisis*, chef-lieu Beauvais ;
Le *Valois*, chef-lieu Crépy ;
La *France*, chef-lieu Saint-Denis ;
Le *Parisis*, chef-lieu Paris.

35. Champagne. Les principaux pays de la Champagne sont :

Là *Brie*, chef-lieu Meaux ;
L'*Argonne*, chef-lieu Sainte-Menehould (2) :
Le *Bassigny*, chef-lieu Langres ;
L'*Ardenne*.

---

(1) On doit prononcer Lan et Lannais.
(2) On doit prononcer Sainte-Menou.

36. Lorraine. La Lorraine comprenait :

La *Lorraine*, chef-lieu Nancy ;
Le *duché de Bar*, chef-lieu Bar ;
Les *trois évêchés de Metz, Toul* et *Verdun ;*
Le *Luxembourg français*, chef-lieu Thionville ;
La *Lorraine allemande*, chef-lieu Sarrelouis (1).

37. Bourgogne. Les principaux pays de la Bourgogne étaient :

L'*Auxerrois*, chef-lieu Auxerre (2) ;
Le *Mâconnais*, chef-lieu Mâcon ;
Le *Charollais*, chef-lieu Charolles ;
La *Bresse*, chef-lieu Bourg ;
Le *Bugey*, chef-lieu Belley ;
La *principauté* ou le *pays de Dombes*, chef-lieu Trévoux.

38. Lyonnais. Le Lyonnais comprenait :

Le *Lyonnais*, chef-lieu Lyon ;
Le *Beaujolais*, chef-lieu Villefranche ;
Le *Forez*, chef-lieu Montbrison.

39. Dauphiné. Le Dauphiné comprenait :

Le *Grésivaudan* ou vallée de l'Isère, chef-lieu Grenoble ;
Le *Valentinois*, chef-lieu Valence ;
La *principauté d'Orange*, chef-lieu Orange.

40. Languedoc. Les principaux pays du Languedoc sont :

L'*Albigeois*, chef-lieu Albi ;
Le *Gévaudan* ou *pays des Cévennes*, chef-lieu Mende ;
Le *Velay*, chef-lieu le Puy ;
Le *Vivarais*, chef-lieu Annonay ;

---

(1) L'évêché de Metz, le Luxembourg français et la Lorraine allemande n'appartiennent plus à la France depuis le traité de Francfort (1871).
(2) On doit prononcer Ausserre et l'Ausserrois.

Le *Bas-Languedoc*, chef-lieu Nîmes ;
Le *Toulousan*, chef-lieu Toulouse.

41. Roussillon. Le gouvernement du Roussillon comprenait aussi la *Cerdagne*.

42. Guyenne et Gascogne. Les principaux pays de la Guyenne sont :

> La *Guyenne* proprement dite, formée du *Bordelais* et
>   du *Médoc*, chef-lieu Bordeaux ;
> Le *Bazadais*, chef-lieu Bazas ;
> Le *Périgord*, chef-lieu Périgueux ;
> L'*Agénais*, chef-lieu Agen ;
> Le *Quercy*, chef-lieu Cahors ;
> Le *Rouergue*, chef-lieu Rodez.

Les principaux pays de la Gascogne sont :

> L'*Armagnac*, chef-lieu Auch ;
> Le *Bigorre*, chef-lieu Tarbes ;
> Le *pays Basque*, chef-lieu Bayonne.

43. Bretagne. La Bretagne se divisait en :

> *Basse-Bretagne*, ou Bretagne bretonnante, à l'Ouest ;
> *Haute-Bretagne*, à l'Est.

44. Orléanais. Les principaux pays du gouvernement de l'Orléanais étaient :

> L'*Orléanais propre*, ou *duché d'Orléans*, chef-lieu
>   Orléans ;
> Le *Gâtinais*, chef-lieu Montargis ;
> La *Beauce*, chef-lieu Chartres ;
> Le *Dunois*, chef-lieu Châteaudun ;
> Le *Vendômois*, chef-lieu Vendôme ;
> Le *Blaisois*, ou *comté de Blois*, chef-lieu Blois ;
> La *Sologne*, chef-lieu Romorantin.

45. Nivernais. Le Nivernais comprenait aussi le *Morvan*, chef-lieu Château-Chinon.

46. Auvergne. Le principal pays de l'Auvergne est la *Limagne*, ou vallée de l'Allier.

GÉOGR. ÉLÉM.   6

§ 2. — TABLEAU DES PROVINCES ET DES DÉPARTEMENTS
QUI EN ONT ÉTÉ FORMÉS.

47. Provinces et départements. La France est aujourd'hui divisée en 86 départements et 1 arrondissement (1), dont 83 et l'arrondissement ont été formés par les anciennes provinces, et 3 par la Savoie et le comté de Nice, réunis à la France en 1860.

48. Région du Nord.

GOUVERNEMENTS.	DÉPARTEMENTS.	CHEFS-LIEUX.
Flandre	Nord	Lille.
Artois	Pas-de-Calais	Arras.
Picardie	Somme	Amiens.
Normandie	Seine-Inférieure	Rouen.
	Eure	Evreux.
	Calvados	Caen.
	Manche	Saint-Lô.
	Orne	Alençon.
Ile-de-France	Seine	Paris.
	Seine-et-Oise	Versailles.
	Seine-et-Marne	Melun.
	Oise	Beauvais.
	Aisne	Laon.

49. Région du Nord-Est.

Champagne	Ardennes	Mézières.
	Marne	Châlons.
	Aube	Troyes.
	Haute-Marne	Chaumont.

---

(1) La division de la France en départements a été établie par l'Assemblée constituante, en 1790. — Les trois départements perdus en 1871, sont : la Moselle, moins l'arrondissement de Briey, le Bas-Rhin et le Haut-Rhin, moins l'arrondissement de Béfort. Nous avons aussi perdu les arrondissements de Château-Salins et de Sarrebourg, dans la Meurthe. — On a formé le département de Meurthe-et-Moselle avec les arrondissements qui restaient des départements de la Meurthe et de la Moselle.

GOUVERNEMENTS.	DÉPARTEMENTS.	CHEFS-LIEUX.
Lorraine	Meuse	Bar-le-Duc.
	Meurthe-et-Moselle	Nancy.
	Vosges.	Epinal.
Alsace	Arrondissement de Béfort.	

50. Région de l'Est.

Franche-Comté	Doubs	Besançon.
	Jura	Lons-le-Saulnier.
	Haute-Saône	Vesoul.
Bourgogne	Ain	Bourg.
	Saône-et-Loire	Mâcon.
	Côte-d'Or	Dijon.
	Yonne	Auxerre.

51. Région du Sud-Est.

Lyonnais	Rhône	Lyon.
	Loire	Saint-Etienne.
Dauphiné	Isère	Grenoble.
	Hautes-Alpes	Gap.
	Drôme	Valence.
Savoie	Haute-Savoie	Annecy.
	Savoie	Chambéry.
Comtat Venaissin	Vaucluse	Avignon.
Provence	Bouches-du-Rhône	Marseille.
	Var	Draguignan.
	Basses-Alpes	Digne.
Comté de Nice	Alpes-Maritimes	Nice.
Corse	Corse.	Ajaccio.

52. Région du Sud.

Languedoc	Ardèche	Privas.
	Gard	Nîmes.
	Hérault.	Montpellier.
	Aude	Carcassonne.
	Haute-Garonne	Toulouse.
	Tarn	Albi.
	Lozère	Mende.
	Haute-Loire	Le Puy.

GOUVERNEMENTS.	DÉPARTEMENTS.	CHEFS-LIEUX.
Roussillon	Pyrénées-Orientales	Perpignan.
Comté de Foix	Ariége.	Foix.

53. Région du Sud-Ouest.

Guyenne	Gironde	Bordeaux.
	Dordogne	Périgueux.
	Lot-et-Garonne ...	Agen.
	Tarn-et-Garonne..	Montauban.
	Lot..............	Cahors.
	Aveyron	Rodez.
	Gers.............	Auch.
Gascogne	Landes	Mont-de-Marsan.
	Hautes-Pyrénées..	Tarbes.
Béarn	Basses-Pyrénées ..	Pau.

54. Région de l'Ouest.

Bretagne	Finistère........	Quimper.
	Morbihan	Vannes.
	Côtes-du-Nord....	Saint-Brieuc.
	Ille-et-Vilaine.....	Rennes.
	Loire-Inférieure...	Nantes.
Maine	Mayenne.........	Laval.
	Sarthe	Le Mans.
Anjou	Maine-et-Loire....	Angers.
Poitou	Vienne...........	Poitiers.
	Deux-Sèvres......	Niort.
	Vendée	La Roche-sur-Yon.
Aunis et Saintonge.	Charente-Inférieure	La Rochelle.
Angoumois	Charente.........	Angoulême.

55. Région du centre.

Touraine	Indre-et-Loire	Tours.
Orléanais	Loir-et-Cher......	Blois.
	Eure-et-Loir......	Chartres.
	Loiret	Orléans.
Nivernais	Nièvre...........	Nevers.
Berry	Cher.............	Bourges.
	Indre.	Châteauroux.

GOUVERNEMENTS.	DÉPARTEMENTS.	CHEFS-LIEUX.
Bourbonnais.	Allier............	Moulins.
Auvergne.........	Puy-de-Dôme.....	Clermont.
	Cantal............	Aurillac.
Limousin........	Haute-Vienne.....	Limoges.
	Corrèze..........	Tulle.
Marche	Creuse...........	Guéret.

§ 3. — GÉOGRAPHIE DES DÉPARTEMENTS.

56. Départements compris dans les vallées de la Moselle, de la Meuse, de l'Escaut et de la Somme.

Les départements compris dans ces diverses vallées sont au nombre de sept, savoir :

Deux dans la vallée de la Moselle.	Vosges, Meurthe-et-Moselle.
Deux dans la vallée de la Meuse..	Meuse, Ardennes.
Deux dans la vallée de l'Escaut...	Nord, Pas-de-Calais.
Un dans la vallée de la Somme....	Somme.

57. Vallée de la Moselle.

Le DÉPARTEMENT DES VOSGES a été formé de la Lorraine ; il a pour chef-lieu EPINAL.

> *Sous-préfectures :* Mirecourt, Neufchâteau, Remiremont, Saint-Dié.

Lieux importants. Plombières (*eaux minérales*) ; Domrémy, patrie de Jeanne d'Arc.

Le DÉPARTEMENT DE MEURTHE-ET-MOSELLE a été formé de la Lorraine (*évêché de Toul et partie du duché de Lorraine*) ; il a pour chef-lieu NANCY.

6.

Sous-préfectures : Briey (1), Lunéville, Toul.

Place forte. Toul.
Industrie et commerce. Nancy (*broderies*) ; Baccarat
(*cristaux*).

58. Vallée de la Meuse.

Le département de la Meuse a été formé de la Lorraine (*évêché de Verdun et duché de Bar*) ; il a pour chef-lieu Bar-le-Duc.

Sous-préfectures : Commercy, Montmédy, Verdun.

Place forte. Verdun.

Le département des Ardennes a été formé de la Champagne ; il a pour chef-lieu Mézières.

Sous-préfectures : Rethel, Rocroi, Sedan, Vouziers.

Place forte. Mézières.
Industrie et commerce. Sedan (*draps et draperies*) ;
Charleville (*armes*) ; Givet (*crayons*) ; Fumay (*ardoisières*).
Lieux historiques. Rocroi, victoire de Condé en
1643 ; Sedan, tristement célèbre par le désastre de
l'armée française en 1870.

59. Vallée de l'Escaut.

Le département du Nord a été formé de la Flandre
flamande, de la Flandre française, du Cambrésis et du
Hainaut ; il a pour chef-lieu Lille.

Sous-préfectures : Avesnes, Cambrai, Douai, Dunkerque, Hazebrouck, Valenciennes,

Port. Dunkerque, port de commerce et de pêche.

---

(1) Avant 1871, l'arrondissement de Briey faisait partie du département de la Moselle. — Prononcez Briy.

Places fortes. Lille, Douai, Condé, Valenciennes, Maubeuge et Landrecies.

Industrie et commerce. Lille et Valenciennes (*sucre de betterave*); Roubaix et Tourcoing (*lainages*); Solesmes (*batistes*); Anzin (*grande exploitation de houille*); Maubeuge (*outils et quincaillerie*).

Lieux historiques. Bouvines, victoire de Philippe-Auguste en 1214; Denain, victoire de Villars, en 1712.

LE DÉPARTEMENT DU PAS-DE-CALAIS a été formé de l'Artois, du Boulonnais et du Pays reconquis; il a pour chef-lieu ARRAS.

> *Sous-préfectures :* Béthune, Boulogne, Montreuil, Saint-Omer, Saint-Pol.

Ports. Calais et Boulogne, ports de commerce.
Places fortes. Arras et Saint-Omer.
Industrie et commerce. Calais (*fabrique de tulle*).
Lieux historiques. Azincourt, bataille de 1415; Lens, victoire de Condé en 1648.

60. Vallée de la Somme.

LE DÉPARTEMEMT DE LA SOMME a été formé d'une partie de la Picardie (*Ponthieu, Amiénois et Santerre*); il a pour chef-lieu AMIENS.

> *Sous-préfectures :* Abbeville, Doullens, Montdidier, Péronne.

Industrie et commerce. Amiens (*lainages, velours d'Utrecht et velours de coton*); Abbeville (*tapis et draps*).
Lieux historiques. Testry, bataille de 687; Crécy, bataille de 1346.

61. Départements compris dans les vallées de la Seine, de la Marne, de l'Oise, de l'Yonne, de l'Eure, de l'Orne, de la Viré, de la Vilaine, et départements de l'ancienne Armorique.

Les départements compris dans ces diverses vallées sont au nombre de vingt, savoir :

Sept dans la vallée de la Seine...
- Côte-d'Or,
- Aube,
- Seine-et-Marne,
- Seine,
- Seine-et-Oise,
- Eure,
- Seine-Inférieure.

Six dans les vallées des affluents de la Seine......
- Haute-Marne,
- Marne,
- Oise,
- Aisne,
- Yonne,
- Eure-et-Loir.

Trois dans les vallées de l'Orne et de la Vire......
- Orne,
- Calvados,
- Manche.

Quatre dans la vallée de la Vilaine et dans l'ancienne Armorique...
- Ille-et-Vilaine,
- Côtes-du-Nord.
- Finistère,
- Morbihan.

62. Vallée de la Seine.

LE DÉPARTEMENT DE LA CÔTE-D'OR a été formé de la Bourgogne ; il a pour chef-lieu DIJON.

Sous-préfectures : Beaune, Châtillon-sur-Seine, Semur.

Commerce. Beaune et Nuits (*vins de la Côte d'Or*).
Lieux historiques. Fontaine-Française, bataille de 1595 ; Cîteaux, ancienne abbaye.

Le département de l'Aube a été formé de la Champagne proprement dite ; il a pour chef-lieu Troyes.

Sous-préfectures : Arcis-sur-Aube, Bar-sur-Aube, Bar-sur-Seine, Nogent-sur-Seine.

Industrie et commerce. Troyes (*bonneterie*).

Lieux historiques. Clairvaux (ancienne abbaye) ; la Rothière et Arcis-sur-Aube, batailles de 1814.

Le département de Seine-et-Marne a été formé de l'Ile-de-France et d'une partie de la Champagne (*Brie*) : il a pour chef-lieu Melun.

Sous-préfectures : Coulommiers, Fontainebleau, Meaux, Provins.

Industrie et commerce. Meaux, Lagny, Brie-Comte-Robert (*grains et fourrages, fromages*) ; Montereau (*faïence*) ; Thomery (*chasselas* dit de Fontainebleau).

Lieu important. Fontainebleau, remarquable par son château et sa forêt.

Le département de la Seine a été formé de l'Ile-de-France ; il a pour chef-lieu Paris, capitale de la France, peuplé de 1,800,000 habitants ; grand centre d'industrie et de commerce, et grande place forte.

Sous-préfectures : Saint-Denis, Sceaux.

Parmi les nombreuses localités du département, on remarque : Alfort (*école vétérinaire*) ; Vincennes (*château et arsenal*) ; Montreuil (*culture du pêcher*).

Le département de Seine-et-Oise a été formé de l'Ile-de-France ; il a pour chef-lieu Versailles.

Sous-préfectures : Corbeil, Étampes, Mantes, Pontoise, Rambouillet.

Industrie et commerce. Rambouillet (*bergerie nationale*) ; Pontoise et Corbeil (*meunerie et commerce de farines*) ; Sèvres (*manufacture de porcelaine*).

Lieux importants. Saint-Cyr (*école militaire*); Grignon (*école d'agriculture*) ; châteaux de Saint–Germain et de Saint-Cloud ; ce dernier est aujourd'hui en ruines.

Le DÉPARTEMENT DE L'EURE a été formé de la Normandie; il a pour chef-lieu EVREUX.

   Sous-préfectures : les Andelys, Bernay, Louviers, Pont-Audemer.

Industrie et commerce. Louviers (*draps et draperies*).

Lieux historiques. Cocherel, bataille de 1364 ; Verneuil, bataille de 1424; Ivry, bataille de 1590.

Le DÉPARTEMENT DE LA SEINE-INFÉRIEURE a été formé de la Normandie (*pays de Caux et pays de Bray*); il a pour chef-lieu ROUEN.

   Sous-préfectures : Dieppe, le Havre, Neufchâtel, Yvetot.

Ports. Le Havre, grand port de commerce; Rouen et Dieppe.

Industrie et commerce. Rouen (*cotons de couleur*); Elbeuf (*draps et draperies*).

Lieu historique. Arques, bataille de 1589.

63. Vallées des affluents de la rive droite de la Seine.

Le DÉPARTEMENT DE LA HAUTE-MARNE a été formé de la Champagne (*Bassigny*); il a pour chef-lieu CHAUMONT.

   Sous-préfectures : Langres, Vassy.

Place forte. Langres.

Industrie et commerce. Saint-Dizier (*fers*); Langres (*coutellerie*).

Lieu important. Bourbonne-les-Bains (*eaux minérales*).

Le département de la Marne a été formé par la Champagne; il a pour chef-lieu Chalons.

> *Sous-préfectures :* Epernay. Reims, Sainte-Menehould, Vitry-le-François (1).

Industrie et commerce. Reims (*lainages et flanelles*); Epernay (*commerce de vins*).

Lieux historiques. Châlons, bataille de 451; Valmy, bataille de 1792; Montmirail et Champaubert, batailles de 1814.

Le département de l'Oise a été formé de l'Ile-de-France (*Beauvaisis et Valois*); il a pour chef-lieu Beauvais.

> *Sous-préfectures :* Clermont, Compiègne, Senlis.

Industrie et commerce. Beauvais (*manufacture de tapisseries*); Creil (*faïence*).

Lieu important. Compiègne, remarquable par son château et sa forêt.

Le département de l'Aisne a été formé d'une partie de l'Ile-de-France (*Soissonnais et Laonnais*), d'une partie de la Picardie (*Vermandois*) et d'une partie de la Brie; il a pour chef-lieu Laon.

> *Sous-préfectures :* Château-Thierry, Saint-Quentin. Soissons, Vervins.

Places fortes. Laon et Soissons.

Industrie et commerce. Saint-Quentin (*mousseline et percale*); Saint-Gobain (*glaces*).

Lieux historiques. Soissons, batailles de 486 et 1814; Laon et Château-Thierry, batailles de 1814; Guise, chef-lieu d'un ancien duché.

---

(1) Vitry est surnommé le François et non pas le Français, parce qu'il a été bâti par François Ier.

64. Vallées des affluents de la rive gauche de la Seine.

LE DÉPARTEMENT DE L'YONNE a été formé de la Bourgogne (*Auxerrois*) et d'une partie de la Champagne ; il a pour chef-lieu AUXERRE.

Sous-préfectures : Avallon, Joigny, Sens, Tonnerre.

Commerce. Auxerre (*vins de la Basse-Bourgogne*).
Lieux historiques. Fontenay, bataille de 841 ; Vézelay, ancienne abbaye.

LE DÉPARTEMENT D'EURE-ET-LOIR a été formé de l'Orléanais (*Beauce* et *Dunois*) et d'une partie du Perche ; il a pour chef-lieu CHARTRES.

Sous-préfectures : Châteaudun, Dreux, Nogent-le-Rotrou.

Commerce. Chartres (*Blés et farines*).
Lieu historique. Dreux, bataille de 1562.

65. Vallées de l'Orne et de la Vire.

LE DÉPARTEMENT DE L'ORNE a été formé de la Normandie et d'une partie du Perche ; il a pour chef-lieu ALENÇON.

Sous-préfectures : Argentan, Domfront, Mortagne.

Industrie et commerce. Elevage de chevaux. Laigle (*aiguilles* et *épingles*); Alençon (*toiles*); Flers (*coutils*).

LE DÉPARTEMENT DU CALVADOS a été formé de la Normandie (*vallée d'Auge, Bessin*); il a pour chef-lieu CAEN.

Sous-préfectures : Bayeux, Falaise, Lisieux, Pont-l'Evêque, Vire.

Ports. Caen et Port-en-Bessin.

Industrie. Ce département élève beaucoup de bétail et de chevaux.

Lieu historique. Formigny, bataille de 1450.

LE DÉPARTEMENT DE LA MANCHE a été formé de la Normandie (*Cotentin et Avranchin*); il a pour chef-lieu SAINT-LÔ.

> *Sous-préfectures :* Avranches, Cherbourg, Coutances, Mortain, Valognes.

Ports. Cherbourg, grand port de guerre et place forte; Granville, port de commerce et de pêche.

Industrie. Ce département élève beaucoup de bétail.

66. Ancienne Armorique.

LE DÉPARTEMENT D'ILLE-ET-VILAINE a été formé par la Haute-Bretagne; il a pour chef-lieu RENNES.

> *Sous-préfectures :* Fougères, Montfort, Redon, Saint-Malo, Vitré.

Ports. Saint-Malo, port de commerce; Cancale, port de commerce (*huîtres renommées*).

LE DÉPARTEMENT DES CÔTES-DU-NORD a été formé par la Basse-Bretagne, à l'Ouest, et par la Haute-Bretagne, à l'Est; il a pour chef-lieu SAINT-BRIEUC.

> *Sous-préfectures :* Dinan, Guingamp, Lannion, Loudéac.

LE DÉPARTEMENT DU FINISTÈRE a été formé de la Basse-Bretagne; il a pour chef-lieu QUIMPER.

> *Sous-préfectures :* Brest, Châteaulin, Morlaix, Quimperlé.

Ports. Brest, grand port de guerre et place forte; Morlaix, port de commerce.

GÉOGR. ÉLÉM. 7

Le département du Morbihan a été formé par la Basse-Bretagne ; il a pour chef-lieu Vannes.

Sous-préfectures : Lorient, Pontivy, Ploërmel.

Port. Lorient, port de guerre.

Lieux historiques. Carnac, monuments celtiques ; Quiberon, bataille de 1795 ; Auray, où Duguesclin fut battu en 1364.

67. Départements compris dans les vallées de la Loire, de l'Allier, du Cher, de l'Indre, de la Vienne, de la Mayenne, des Deux-Sèvres et de la Charente.

Les départements compris dans ces diverses vallées sont au nombre de vingt et un, savoir :

Dix dans la vallée de la Loire....	Haute-Loire, Loire, Allier, Cher, Nièvre, Loiret, Loir-et-Cher, Indre-et-Loire, Maine-et-Loire, Loire-Inférieure.
Sept dans les vallées des affluents de la Loire	Sarthe, Mayenne, Puy-de-Dôme, Creuse, Indre, Haute-Vienne, Vienne.
Deux dans les vallées des deux Sèvres	Deux-Sèvres, Vendée.
Deux dans la vallée de la Charente.	Charente, Charente-Inférieure.

68. Vallée de la Loire.

Le département de la Haute-Loire a été formé

d'une partie du Languedoc (*Velay*) et d'une partie de l'Auvergne; il a pour chef-lieu LE PUY.

Sous-préfectures : Brioude, Yssingeaux.

LE DÉPARTEMENT DE LA LOIRE a été formé du Lyonnais (*Forez*); il a pour chef-lieu SAINT-ETIENNE.

Sous-préfectures : Montbrison, Roanne.

Industrie et commerce. Saint-Etienne (*exploitation de houille, fabrication d'acier, d'armes et de rubans*); Roanne (*toiles dites de Vichy*); Rive-de-Gier (*forges et usines*); Saint-Chamond (*lacets, galons, ganses et tresses*).

LE DÉPARTEMENT DE L'ALLIER a été formé du Bourbonnais; il a pour chef-lieu MOULINS.

Sous-préfectures : Gannat, la Palisse, Montluçon.

Villes importantes. Vichy, Néris, Bourbon-l'Archambault (*eaux minérales*).

LE DÉPARTEMENT DU CHER a été formé du Berry; il a pour chef-lieu BOURGES.

Sous-préfectures : Saint-Amand, Sancerre.

Industrie. Vierzon (*forges et porcelaine*).

LE DÉPARTEMENT DE LA NIÈVRE a été formé du Nivernais et du Morvan; il a pour chef-lieu NEVERS.

Sous-préfectures : Château-Chinon, Clamecy, Cosne.

Industrie. Fourchambault, la Chaussade, Cosne et Imphy (*usines*).

LE DÉPARTEMENT DU LOIRET a été formé de l'Orléanais (*Orléanais proprement dit et Gâtinais*); il a pour chef-lieu ORLÉANS.

Sous-préfectures : Gien, Montargis, Pithiviers.

Lieux importants. Briare ; Patay, victoire de Jeanne d'Arc en 1429.

Le département de Loir-et-Cher a été formé de l'Orléanais (*Vendômois, Blaisois* et *Sologne*); il a pour chef-lieu Blois.

Sous-préfectures : Romorantin, Vendôme.

Lieux historiques. Châteaux de Chambord et de Blois.

Le département d'Indre-et-Loire a été formé de la Touraine; il a pour chef-lieu Tours.

Sous-préfectures : Chinon, Loches.

Lieux historiques. Amboise et Plessis-lez-Tours.

Le département de Maine-et-Loire a été formé de l'Anjou et du Saumurois ; il a pour chef-lieu Angers.

Sous-préfectures : Baugé, Cholet, Saumur, Segré.

Industrie et commerce. Cholet (*toiles et bétail*).

Le département de la Loire-Inférieure a été formé de la Haute-Bretagne; il a pour chef-lieu Nantes.

Sous-préfectures : Ancenis, Châteaubriant, Paimbœuf, Saint-Nazaire.

Ports. Saint-Nazaire, Paimbœuf et Nantes, ports de commerce.

Industrie. Indret (*usines de la marine nationale*).

69. Vallées des affluents de la rive droite de la Loire.

Le département de la Sarthe a été formé du Maine; il a pour chef-lieu Le Mans.

Sous-préfectures : la Flèche, Mamers, Saint-Calais.

Industrie. Le Mans (*toiles*).

LE DÉPARTEMENT DE LA MAYENNE a été formé du Maine; il a pour chef-lieu LAVAL.

Sous-préfectures : Château-Gontier, Mayenne.

Industrie. Laval (*toiles*).

70. Vallées des affluents de la rive gauche de la Loire.

LE DÉPARTEMENT DU PUY-DE-DOME a été formé de l'Auvergne (*Auvergne* et *Limagne*); il a pour chef-lieu CLERMONT-FERRAND.

Sous-préfectures : Ambert, Issoire, Riom (1). Thiers.

Lieux importants. Les bains du Mont-Dore (*eaux minérales*); Thiers (*coutellerie*).

LE DÉPARTEMENT DE LA CREUSE a été formé de la Marche; il a pour chef-lieu GUÉRET.

Sous-préfectures : Aubusson, Bourganeuf, Boussac.

Industrie. Aubusson (*tapis*).

LE DÉPARTEMENT DE L'INDRE a été formé du Berry; il a pour chef-lieu CHATEAUROUX.

Sous-préfectures : le Blanc, la Châtre, Issoudun.

LE DÉPARTEMENT DE LA HAUTE-VIENNE a été formé du Limousin; il a pour chef-lieu LIMOGES.

Sous-préfectures : Bellac, Rochechouart, Saint-Yrieix (2).

Industrie. Limoges (*porcelaine*).

---

(1) On prononce Riou.
(2) On prononce Saint-Irié.

LE DÉPARTEMENT DE LA VIENNE a été formé du Poitou ; il pour chef-lieu POITIERS.

> *Sous-préfectures* : Châtellerault, Civray, Loudun, Montmorillon.

Industrie. Châtellerault (*armes et coutellerie*).
Lieux historiques. Vouillé, bataille de 507; Moncontour, bataille de 1569.

71. Vallées des deux Sèvres.

LE DÉPARTEMENT DES DEUX-SÈVRES a été formé du Poitou; il a pour chef-lieu NIORT.

> *Sous-préfectures* : Bressuire, Melle, Parthenay.

LE DÉPARTEMENT DE LA VENDÉE a été formé du Poitou; il a pour chef-lieu LA ROCHE-SUR-YON, autrefois Bourbon-Vendée et Napoléon-Vendée.

> *Sous-préfectures* : Fontenay-le-Comte, les Sables-d'Olonne.

72. Vallée de la Charente.

LE DÉPARTEMENT DE LA CHARENTE a été formé de l'Angoumois; il a pour chef-lieu ANGOULÊME.

> *Sous-préfectures* : Barbezieux, Cognac, Confolens, Ruffec.

Industrie et commerce. Ruelle (*fonderies de la marine nationale*); Angoulême (*papier*); Cognac (*commerce d'eaux-de-vie*).
Lieu historique. Jarnac, bataille de 1560.

LE DÉPARTEMENT DE LA CHARENTE-INFÉRIEURE a été formé de l'Aunis et de la Saintonge ; il a pour chef-lieu LA ROCHELLE.

> *Sous-préfectures* : Jonzac, Marennes, Rochefort, Saintes, Saint-Jean-d'Angely.

Ports. Rochefort, port de guerre; la Rochelle, port de commerce.

Lieu historique. Taillebourg, bataille de 1242.

73. Départements compris dans les vallées de la Dordogne, de la Garonne, de l'Adour, de la Têt, de l'Aude et de l'Hérault.

Les départements compris dans ces diverses vallées sont au nombre de dix-neuf, savoir :

Trois dans la vallée de la Dordogne
- Cantal,
- Corrèze,
- Dordogne.

Quatre dans la vallée de la Garonne
- Haute-Garonne,
- Tarn-et-Garonne,
- Lot-et-Garonne,
- Gironde.

Six dans les vallées des affluents de la Garonne...................
- Ariége,
- Tarn,
- Lozère,
- Aveyron,
- Lot,
- Gers.

Trois dans la vallée de l'Adour...
- Hautes-Pyrénées,
- Landes,
- Basses-Pyrénées.

Trois dans les vallées de la Têt, de l'Aude et de l'Hérault.........
- Pyrénées-Orientales,
- Aude,
- Hérault.

74. Vallée de la Dordogne.

Le département du Cantal a été formé de l'Auvergne; il a pour chef-lieu Aurillac.

Sous-préfectures : Mauriac, Murat, Saint-Flour.

Le département de la Corrèze a été formé du Limousin; il a pour chef-lieu Tulle *(manufacture d'armes)*.

Sous-préfectures : Brive, Ussel.

LE DÉPARTEMENT DE LA DORDOGNE a été formé de la Guyenne (*Périgord*); il a pour chef-lieu PÉRIGUEUX.

> *Sous-préfectures* : Bergerac, Nontron, Ribérac, Sarlat.

Commerce. Périgueux (*fers*).

75. Vallée de la Garonne.

LE DÉPARTEMENT DE LA HAUTE-GARONNE a été formé d'une partie du Languedoc (*Toulousan*) et d'une partie de la Gascogne ; il a pour chef-lieu TOULOUSE.

> *Sous-préfectures* : Muret, Saint-Gaudens, Villefranche.

Lieux importants. Bagnères-de-Luchon (*eaux minérales*); Toulouse (*grand centre de commerce*).

LE DÉPARTEMENT DE TARN-ET-GARONNE a été formé d'une partie de la Guyenne et d'une partie de la Gascogne; il a pour chef-lieu MONTAUBAN.

> *Sous-préfectures* : Castel-Sarrasin, Moissac.

LE DÉPARTEMENT DE LOT-ET-GARONNE a été formé de la Guyenne (*Agénais*); il a pour chef-lieu AGEN.

> *Sous-préfectures* : Marmande, Nérac, Villeneuve-sur-Lot.

Industrie. Tonneins (*manufacture de tabac*).

LE DÉPARTEMENT DE LA GIRONDE a été formé de la Guyenne (*Médoc, Bordelais* et *Bazadais*); il a pour chef-lieu BORDEAUX.

> *Sous-préfectures* : Bazas, Blaye, la Réole, Lesparre, Libourne.

Ports. Bordeaux, grand port de commerce ; Pauillac.
Industrie et commerce. Ce département est un des

principaux centres de la production et du commerce des vins.

Lieux historiques. Castillon, bataille de 1453 ; Coutras, bataille de 1587.

76. Vallées des affluents de la Garonne.

LE DÉPARTEMENT DE L'ARIÉGE a été formé du comté de Foix ; il a pour chef-lieu FOIX.

Sous-préfectures : Pamiers, Saint-Girons.

Lieu important. Ussat *(eaux minérales).*

LE DÉPARTEMENT DU TARN a été formé du Languedoc (*Albigeois*) ; il a pour chef-lieu ALBI.

Sous-préfectures : Castres, Gaillac, Lavaur.

Industrie. Castres (*draps*).

LE DÉPARTEMENT DE LA LOZÈRE a été formé du Languedoc (*Gévaudan*) ; il a pour chef-lieu MENDE.

Sous-préfectures : Florac, Marvejols.

LE DÉPARTEMENT DE L'AVEYRON a été formé de la Guyenne (*Rouergue*); il a pour chef-lieu RODEZ.

Sous-préfectures : Espalion, Millau (1), Saint-Affrique, Villefranche.

Industrie. Decazeville (*forges*) ; Millau (*ganterie*).

LE DÉPARTEMENT DU LOT a été formé de la Guyenne (*Quercy*); il a pour chef-lieu CAHORS.

Sous-préfectures : Figeac, Gourdon.

LE DÉPARTEMENT DU GERS a été formé de la Gascogne (*Armagnac*); il a pour chef-lieu AUCH.

---

(1) On prononce Miliau.

Sous-préfectures : Condom, Lectoure, Lombez, Mirande.

77. Vallée de l'Adour.

LE DÉPARTEMENT DES HAUTES-PYRÉNÉES a été formé de la Gascogne (*Bigorre*) ; il a pour chef-lieu TARBES.

Sous-préfectures : Argelès, Bagnères.

Lieux importants. Bagnères-de-Bigorre, Cauterets et Baréges, célèbres par leurs eaux minérales.

LE DÉPARTEMENT DES LANDES a été formé de la Gascogne ; il a pour chef-lieu MONT-DE-MARSAN.

Sous-préfectures : Dax, Saint-Sever.

LE DÉPARTEMENT DES BASSES-PYRÉNÉES a été formé du Béarn, de la Basse-Navarre et du pays Basque ; il a pour chef-lieu PAU.

Sous-préfectures : Bayonne, Mauléon, Oloron, Orthez.

Port. Bayonne, place forte et port de commerce.
Lieux importants. Eaux-Chaudes et Eaux-Bonnes (*eaux minérales*).

78. Vallées de la Têt, de l'Aude et de l'Hérault.

LE DÉPARTEMENT DES PYRÉNÉES-ORIENTALES a été formé du Roussillon et de la Cerdagne ; il a pour chef-lieu PERPIGNAN, grande place forte.

Sous-préfectures : Céret, Prades.

Port. Port-Vendres.
Lieux importants. Vernet et Amélie-les-Bains (*eaux minérales*).

LE DÉPARTEMENT DE L'AUDE a été formé du Bas-Languedoc ; il a pour chef-lieu CARCASSONNE.

Sous-préfectures : Castelnaudary, Limoux, Narbonne.

LE DÉPARTEMENT DE L'HÉRAULT a été formé du Bas-Languedoc ; il a pour chef-lieu MONTPELLIER.

Sous-préfectures : Béziers, Lodève, Saint-Pons.

Ports. Cette et Agde, ports de commerce.

Industrie et commerce. Bédarieux et Lodève (*draps*); Montpellier et Pézénas (*vins, eaux-de-vie et esprits*); Lunel et Frontignan (*vins*). — Ce département est un des principaux centres de production de vins communs.

79. Départements et arrondissement compris dans les vallées du Rhône, de l'Isère, de la Saône, du Doubs, de la Durance, de l'Argens et du Var.

Les départements et arrondissement compris dans ces diverses vallées sont au nombre de dix-neuf, savoir :

Neuf dans la vallée du Rhône....	Haute-Savoie, Ain, Rhône, Ardèche, Gard, Isère, Drôme, Vaucluse, Bouches-du-Rhône.
Quatre départements et un arrondissement dans les vallées de la Saône et du Doubs............	Jura, Doubs, Haute-Saône, Saône-et-Loire, Arrond^t de Béfort.
Un dans la vallée de l'Isère.......	Savoie.
Deux dans la vallée de la Durance.	Hautes-Alpes, Basses-Alpes.
Deux dans les vallées de l'Argens et du Var...................	Var, Alpes-Maritimes.

80. Vallée du Rhône.

Le département de la Haute-Savoie a été formé de la Savoie *(Chablais, Faucigny* et *Génevois)*; il a pour chef-lieu Annecy.

Sous-préfectures : Bonneville, Saint-Julien, Thonon.

Le département de l'Ain a été formé de la Bourgogne *(Bresse, Bugey* et *Dombes)*; il a pour chef-lieu Bourg.

Sous-préfectures : Belley, Gex, Nantua, Trévoux.

Le département du Rhône a été formé du Lyonnais *(Lyonnais* et *Beaujolais)*; il a pour chef-lieu Lyon.

Sous-préfecture : Villefranche.

Place forte. Lyon.
Industrie et commerce. Lyon *(soieries)*; Tarare *(mousselines)*; Villefranche *(cotonnades)*.

Le département de l'Ardèche a été formé du Languedoc *(Vivarais)*; il a pour chef-lieu Privas.

Sous-préfectures : Largentière, Tournon.

Industrie et commerce. Annonay *(papier)*; Aubenas *(commerce de soie)*.

Le département du Gard a été formé du Bas-Languedoc ; il a pour chef-lieu Nîmes.

Sous-préfectures : Alais, Uzès, le Vigan.

Industrie et commerce. Alais *(exploitation de houille)*; Nîmes *(soieries et tapis)*; Beaucaire *(ville commerçante)*.

Le département de l'Isère a été formé du Dauphiné *(Grésivaudan)*; il a pour chef-lieu Grenoble, place forte.

Sous-préfectures : Saint-Marcellin, la Tour-du-Pin. Vienne.

Industrie et commerce. Grenoble *(gants)*.

Lieux historiques. Vézeronce, bataille de 524; la Grande-Chartreuse.

LE DÉPARTEMENT DE LA DRÔME a été formé du Dauphiné *(Valentinois)*; il a pour chef-lieu VALENCE.

Sous-préfectures : Die, Montélimar, Nyons.

LE DÉPARTEMENT DE VAUCLUSE a été formé du Comtat Venaissin, de la principauté d'Orange et d'une partie de la Provence; il a pour chef-lieu AVIGNON.

Sous-préfectures : Apt, Carpentras, Orange.

Industrie. Avignon *(soieries)*.

LE DÉPARTEMENT DES BOUCHES-DU-RHÔNE a été formé de la Provence; il a pour chef-lieu MARSEILLE.

Sous-préfectures : Aix, Arles.

Ports. Arles; Marseille, grand port de commerce.
Industrie et commerce. Marseille *(savons)*; Aix *(huile)*.

81. Vallées de la Saône et du Doubs.

LE DÉPARTEMENT DU JURA a été formé de la Franche-Comté; il a pour chef-lieu LONS-LE-SAULNIER.

Sous-préfectures : Dôle, Poligny, Saint-Claude.

Industrie et commerce. Saint-Claude *(tournerie et tabletterie)*; Arbois *(vins)*.

LE DÉPARTEMENT DU DOUBS a été formé de la Franche-Comté; il a pour chef-lieu BESANÇON.

Sous-préfectures : Baume-les-Dames, Montbéliard, Pontarlier.

L'ARRONDISSEMENT DE BÉFORT, seule partie de l'Alsace qui nous reste depuis le traité de Francfort (1871), a pour chef-lieu BÉFORT.

LE DÉPARTEMENT DE LA HAUTE-SAÔNE a été formé de la Franche-Comté ; il a pour chef-lieu VESOUL.

> *Sous-préfectures* : Gray, Lure.

> *Commerce.* Gray *(commerce de grains)*.

LE DÉPARTEMENT DE SAÔNE-ET-LOIRE a été formé de la Bourgogne (*Charolais* et *Mâconnais*) ; il a pour chef-lieu MACON.

> *Sous-préfectures* : Autun, Châlon, Charolles, Louhans.

Industrie et commerce. Le Creuzot *(exploitation de houille et usines)* ; Châlon *(ville commerçante)* ; Mâcon *(commerce de vins)*. — Le Charolais élève beaucoup de bétail.

Lieu historique. Cluny, ancienne abbaye.

82. Vallée de l'Isère.

LE DÉPARTEMENT DE LA SAVOIE a été formé de la Savoie *(Savoie proprement dite, Tarentaise* et *Maurienne)* ; il a pour chef-lieu CHAMBÉRY.

> *Sous-préfectures* : Aibertville, Moutiers, Saint-Jean de Maurienne.

Lieu important. Aix-les-Bains *(eaux minérales)*.

83. Vallée de la Durance.

LE DÉPARTEMENT DES HAUTES-ALPES a été formé du Dauphiné ; il a pour chef-lieu GAP.

> *Sous-préfectures* : Briançon, Embrun.

Place forte. Briançon.

LE DÉPARTEMENT DES BASSES-ALPES a été formé de la Provence ; il a pour chef-lieu DIGNE.

> *Sous-préfectures :* Barcelonnette, Castellane, Forcalquier, Sisteron.

84. Vallées de l'Argens et du Var.

LE DÉPARTEMENT DU VAR a été formé de la Provence : il a pour chef-lieu DRAGUIGNAN.

> *Sous-préfectures :* Brignoles, Toulon.

Ports. Toulon, grand port de guerre ; la rade des îles d'Hyères.

Places fortes. Toulon et Antibes.

LE DÉPARTEMENT DES ALPES-MARITIMES a été formé du comté de Nice et de la sous-préfecture de Grasse enlevée à l'ancien département du Var ; il a pour chef-lieu NICE.

> *Sous-préfectures :* Grasse, Puget-Théniers.

Industrie et commerce. Grasse (*parfums, essences et parfumerie*).

85. Appendice au bassin du Rhône.

LE DÉPARTEMENT DE LA CORSE, qui se compose de l'île de Corse, a pour chef-lieu AJACCIO.

> *Sous-préfectures :* Bastia, Calvi, Corte, Sartène.

§ 4. — GÉOGRAPHIE ÉCONOMIQUE.

1° *Statistique.*

86. Population. La population de la France est de 38 millions et demi d'habitants. Si l'on divise ce nombre par le nombre de kilomètres carrés dont se compose la superficie de la France, on trouve qu'il y a 68 habitants par kilomètre carré.

87. Religion. La religion de la majorité des Français est le catholicisme.

88. Gouvernement. La république française est gouvernée par deux Chambres (la Chambre des Députés et le Sénat) et par un président nommé par les deux Chambres.

89. Finances. Le revenu de la France, pour les divers services de l'Etat, des départements et des communes, est d'environ 2 milliards 800 millions de francs, dont 300 millions de francs pour le budget des communes et des départements.

La dette de l'Etat est d'environ 16 milliards de francs.

2° Productions.

90. Fer et houille. Les deux principales richesses minérales de la France sont la houille et le fer, que l'on trouve en abondance sur notre territoire, quoique en moins grande quantité qu'en Angleterre et en Belgique.

Les plus importantes exploitations de houille sont dans les bassins de Saint-Etienne, d'Alais, du Creuzot et d'Anzin. L'ensemble de la production des mines de France est loin de fournir cependant aux besoins de notre industrie, qui est obligée d'acheter de grandes quantités de charbon de terre à l'Angleterre et à la Belgique.

Les parties de la France les plus riches en mines de fer sont :

> La Meuse et les Ardennes,
> La Franche-Comté,
> Le département de la Haute-Marne,
> Le Berry (Cher), la Nièvre et l'Allier,
> Le Gard, l'Ardèche et l'Aveyron,
> Le Périgord (Dordogne),
> Les Alpes,
> Les Pyrénées.

91. Plomb, argent, cuivre. On exploite aussi en France du *plomb*, un peu d'*argent* et de *cuivre*.

92. Substances pierreuses. Les principales substances pierreuses que l'on extrait des carrières sont : le *plâtre* des environs de Paris ; la *pierre à chaux* ; le *kaolin*, ou argile à porcelaine, de Saint-Yrieix, près de Limoges ; les *argiles* de toute nature ; les *ardoises* de Fumay (Ardennes), d'Angers et de Châteaulin ; les *laves* d'Auvergne ; le *granite* de la Corse et du Finistère ; les beaux *marbres* des Pyrénées et des Ardennes ; les *pierres lithographiques* de Châteauroux ; les excellentes *pierres à meule* de la Ferté-sous-Jouarre (Seine-et-Marne) ; les *grès* de Fontainebleau pour le pavage ; les *pierres de construction*.

93. Sel. Le sel se recueille principalement dans les marais salants qui existent sur les bords de la mer.

Les marais salants les plus considérables sont ceux du Var, des Bouches-du-Rhône, de l'Hérault, de la Charente-Inférieure, de la Vendée, de la Loire-Inférieure et du Morbihan.

94. Eaux minérales. Les principales eaux minérales de la France sont celles de Baréges, Cauterets, Bagnères-de-Bigorre, Eaux-Bonnes, Bagnères-de-Luchon, Ussat, Amélie-les-Bains, dans les Pyrénées ; — du Mont-Dore, de Vichy et de Néris, dans le centre de la France ; — de Bourbonne-les-Bains et de Plombières, dans les Vosges ; — d'Aix-les-Bains, dans les Alpes.

95. Productions agricoles. Les principales productions agricoles de la France sont :

Les céréales (blé, seigle, orge, maïs, avoine), la pomme de terre ; les vins ; le colza, dont la graine sert à faire l'huile à brûler ; l'huile d'olive ; le chanvre et le lin ; la betterave, qui est employée à faire du sucre; le tabac et la soie; les fruits et le houblon.

96. Chevaux. Les chevaux de luxe (carrosse, selle) et de cavalerie de réserve sont fournis par la Normandie. — Les chevaux de trait léger (chevaux de poste, d'omnibus, d'artillerie, de cavalerie de ligne) sont fournis plus spécialement par le Perche, la Bretagne, le Poitou et les Ardennes. — Les chevaux de gros trait (roulage) sont principalement fournis par la Flandre, le Boulonnais et la Franche-Comté. — Le cheval de selle de petite taille, destiné à la cavalerie légère, se trouve dans le centre et surtout dans le Sud de la France (Limousin, Auvergne, Navarre et Bigorre). La Lorraine et les Ardennes donnent aussi de bons chevaux à notre cavalerie légère.

97. Bœufs. La Loire partage nos races bovines en deux grandes catégories : au Nord, les races laitières ; au Sud, les races de travail.

Les principales races laitières sont la race bretonne, la race normande et la race flamande; ces races donnent du lait, et par suite le beurre et le fromage, et finalement produisent de la viande de boucherie, comme les races de travail.

Les races de travail sont : la race parthenaise ou de Cholet, la race charolaise, la race morvandelle, la race auvergnate ou de Salers, la race d'Aubrac (1), la race limousine, la race du Quercy, la race agénaise et la race gasconne. — La race comtoise, dans l'Est, est à la fois race laitière et de travail.

98. Moutons. La France possède de belles races ovines, qui lui donnent de la laine et de la chair. Indépendamment de nos races indigènes, on a acclimaté

---

(1) L'Aubrac est un pays montagneux situé dans la partie nord-est du département de l'Aveyron.

en France les mérinos espagnols, que l'on a croisés avec les races françaises. Nos plus belles races de mérinos français sont celles de Rambouillet et de Mauchamp (Aisne); elles fournissent une laine précieuse.

99. Porcs. Les races porcines de la France sont celles de Normandie, d'Anjou, de Craon (1), de la Bresse, du Limousin et du Périgord.

3° *Industrie et commerce.*

100. Industrie. Les grands centres de l'industrie française sont :

Paris, où l'on fabrique la bijouterie, l'orfévrerie, l'ébénisterie, les papiers peints, l'horlogerie de précision, les instruments de physique, de chirurgie et de musique, la coutellerie fine, les machines de toute espèce, les produits chimiques, les châles, les tapis (aux Gobelins); il y a aussi à Paris des teintureries, des filatures de laine et de coton.

Elbeuf, Louviers, Sedan, Castres, Lodève et *Bédarieux,* pour la fabrication des draps.

Reims, Roubaix, Tourcoing, Abbeville et *Amiens,* pour la fabrication des étoffes de laine de toute espèce.

Aubusson, Nîmes et *Beauvais,* pour les tapis.

Lyon, Avignon, Nîmes et *Saint-Etienne,* pour les soieries, les velours et les rubans.

Rouen, Saint-Quentin, Tarare et *Troyes,* pour la fabrication des cotonnades de toute espèce, de la mousseline et de la bonneterie.

Cambrai, Solesmes, Valenciennes, Lille, Saint-Quentin, Cholet, pour la fabrication des toiles, du linge et des batistes.

Le Creuzot et *Saint-Etienne,* pour les machines et les armes.

---

(1) On prononce Cran. — Craon est dans le département de la Mayenne.

Marseille, pour les savons.

Sèvres, Vierzon et *Limoges,* pour la porcelaine.

Baccarat, pour les cristaux.

Saint-Gobain, pour les glaces.

Creil et *Gien,* pour la faïence.

Annonay et *Angoulême,* pour les papiers.

101. Commerce. Le commerce extérieur de la France, par terre et par mer, s'élève maintenant à 9 milliards et demi de francs.

Les pays avec lesquels nous faisons les plus grands échanges sont : l'Angleterre, la Belgique, l'Allemagne, l'Italie, les Etats-Unis, les colonies françaises, le Brésil et la Plata, la Suisse et l'Espagne.

Nous exportons surtout des vins et eaux-de-vie, des soieries, des toiles, des cotonnades, des articles de mode, des articles de Paris, des draps, des étoffes de laine, des machines et mécaniques, du sucre raffiné, du sel, des cristaux et des glaces, etc.

Nous importons des matières premières nécessaires à l'industrie, telles que le coton, la soie, les fils de lin et de chanvre, et la laine, — le sucre, le café, le cacao, les épices, — la cochenille, l'indigo, — le zinc, le plomb, l'étain, le cuivre, la houille, — du suif, des huiles, des graines oléagineuses (1), de la graine de lin, — des toiles de lin et de chanvre, — des bois de construction.

4° Canaux et chemins de fer.

102. Canaux. Les canaux de la France ont pour but de réunir les cinq mers qui baignent la France, et qui sont :

La mer du Nord,

La Manche,

---

(1) Le sésame et les arachides; l'huile de ces graines sert à faire le savon.

L'océan Atlantique,
Le golfe de Gascogne,
La Méditerranée.

Ces diverses mers reçoivent cinq grands fleuves, le Rhin, la Seine, la Loire, la Garonne et le Rhône, qui sont unis entre eux par des canaux ; de sorte que la jonction entre les mers est faite par les canaux et les cinq fleuves.

103. Le Rhône et la Saône forment une grande ligne de navigation qui afflue à la Méditerranée et qui est mise en communication par des canaux avec :

Le *Rhin*, qui se jette dans la mer du Nord ;
La *Seine*, qui se jette dans la Manche ;
La *Loire*, qui se jette dans l'océan Atlantique ;
La *Garonne*, qui se jette dans le golfe de Gascogne.

Le Rhône est joint au Rhin par le *canal de l'Est*, entre le Rhône et le Rhin (1).

Le Rhône est joint à la Seine par le *canal de Bourgogne*, entre la Saône et l'Yonne.

Le Rhône est joint à la Loire, par le *canal du Centre*, entre la Saône et la Loire.

Le Rhône est joint à la Garonne par le *canal des Étangs* et le *canal du Midi*.

Ces divers canaux réunissent donc entre elles cinq grandes rivières et les cinq mers qui baignent la France.

104. Après cette première série de canaux, il y en a une seconde, qui a pour but de réunir la Seine avec le Rhin et avec trois grands fleuves de la France, qui sont : l'Escaut, la Meuse et la Loire.

La Seine est réunie au Rhin par le *canal de la Marne au Rhin,* qui joint aussi à la Seine la Meuse et la Moselle.

____

(1) Toute la partie de ce canal qui est située en Alsace appartient actuellement à l'empire d'Allemagne.

La Seine est jointe à l'Escaut par le *canal de Saint-Quentin*, entre l'Oise et l'Escaut.

La Seine est jointe à la Meuse par deux canaux :

> Le premier est le *canal de la Sambre à l'Oise;*
> Le second est le *canal des Ardennes*, entre la Meuse et l'Aisne.

La Seine est réunie à la Loire par deux canaux :

> Le premier est le *canal du Nivernais*, entre la Loire et l'Yonne ;
> Le second est composé du *canal de Briare*, du *canal d'Orléans* et du *canal de Montargis*.

105. Chemins de fer. Les grands chemins de fer de la France, sont :

1. Le *chemin de Paris à Lille*, et de là en Belgique. Ce chemin a des embranchements sur Calais et Boulogne, où l'on s'embarque pour l'Angleterre.

2. Le *chemin de Paris à Maubeuge*, et de là en Belgique (Liége) et en Allemagne (Berlin).

3. Le *chemin de Paris à Lunéville*, et de là en Allemagne (Vienne).

4. Le *chemin de Paris à Béfort*, et de là en Suisse (Bâle) et en Allemagne.

5. Le *chemin de Paris à Marseille*, et de là à Toulon et à Nice, par Dijon, Mâcon, Lyon et Tarascon. Cette ligne a deux embranchements : l'un de Mâcon à Genève, l'autre de Tarascon à Perpignan, par Cette.

6. Le *chemin de Paris à Lyon*, par Nevers et Saint-Etienne.

7. Les *lignes du centre*, de Paris à Vierzon, par Orléans ; à Vierzon, le chemin se partage en deux lignes, qui vont :

> La première, de Vierzon à Moulins, Clermont et Montauban ;

La seconde, de Vierzon à Limoges, Périgueux et Agen.

8. Le *chemin de Bordeaux à Cette*, par Agen, Montauban et Toulouse.

9. Le *chemin de Paris à Bayonne*, et de là en Espagne, par Vendôme, Tours, Poitiers et Bordeaux.

10. Le *chemin de Bayonne à Toulouse*, par Pau et Tarbes.

11. Le *chemin de Paris à Saint-Nazaire*, par Orléans, Tours, Angers, Savenay et Nantes. — Cette ligne se prolonge de Savenay sur Brest, par Vannes.

12. Le *chemin de Paris à Brest*, par Chartres, le Mans, Rennes et Saint-Brieuc.

13. Le *chemin de Paris à Cherbourg*, par Caen.

14. Le *chemin de Paris au Havre*, par Rouen.

§ 5. — COLONIES.

106. La France a possédé, aux dix-septième et dix-huitième siècles, d'immenses colonies, qu'elle a presque toutes perdues au désastreux traité de Paris, en 1763, qui les a fait passer au pouvoir des Anglais. Il ne nous reste actuellement que les débris de cet empire colonial fondé par Colbert, et plusieurs acquisitions récentes, dont quelques-unes sont d'une importance réelle.

Colonies en Afrique.

107. L'Algérie. L'Algérie est bornée : au Nord, par la mer Méditerranée ; à l'Est, par la régence de Tunis ; au Sud, par le Grand-Désert ; à l'Ouest, par l'empire de Maroc.

La distance moyenne de l'Algérie à la France est de 800 kilomètres ; la durée de la traversée est de deux jours.

La principale chaîne de montagnes de l'Algérie est l'Atlas, qui la traverse de l'Ouest à l'Est, et la divise en deux grandes parties :

Le *Tell*, au Nord de l'Atlas;
Le *Sahara algérien*, au Sud de l'Atlas.

Les principales rivières ou *Oued* de l'Algérie sont :

La Tafna,
L'Habrah,
Le Chélif,
L'Oued-el-Kebir,
La Safsaf,
La Seybouse,
La Medjerdah.

Ces rivières arrosent le Tell et se jettent dans la Méditerranée.

La rivière du Chevreau (*Oued-Djeddi*) arrose le Sahara algérien et se jette dans un lac.

Géographie politique. L'Algérie est divisée en trois provinces, qui sont celles :

D'Alger, au centre;
De Constantine, à l'Est;
D'Oran, à l'Ouest.

Les villes les plus considérables sont : Alger, capitale de l'Algérie; Oran et Constantine, chefs-lieux de provinces; Philippeville, Bône et Bougie, ports de mer.

La population est de deux millions et demi d'habitants, mahométans et de race arabe et berbère. Il y a aussi 250,000 colons européens.

Productions. L'Algérie est importante par ses productions, qui sont : le fer, le cuivre, le plomb, le marbre statuaire, l'huile d'olive, le blé, le tabac, le liége et les oranges. — On y élève beaucoup de moutons et d'excellents chevaux.

108. Le Sénégal. La colonie du Sénégal, qui se

compose du bassin du Sénégal, a pour capitale Saint-Louis ; l'île de Gorée et le port de Dakar, près du cap Vert, dépendent de cette colonie. — Le Sénégal fait un commerce considérable de gomme arabique, de cire et d'arachides.

109. Le Gabon. La France possède sur la côte de Guinée un grand territoire arrosé par le Gabon et l'Ogovaï, dont le chef-lieu est Libreville.

110. Iles de la mer des Indes. La France possède autour de Madagascar plusieurs îles, qui sont : Sainte-Marie, Nossi-Bé et Mayotte.

L'*île de la Réunion* ou *Bourbon,* chef-lieu Saint-Denis, est une colonie importante par ses productions (sucre, café et vanille) et par son commerce, mais elle n'a pas de port.

111. Colonies en Asie. La France possède quelques comptoirs dans l'Hindoustan et une importante colonie dans l'Indo-Chine.

Dans l'Hindoustan, de l'empire fondé dans les Indes par Dupleix, au dix-huitième siècle, il ne nous reste plus que cinq comptoirs de peu d'importance : Pondichéry, chef-lieu ; Karikal, Yanaon, sur la côte de Coromandel ; Chandernagor, au Bengale ; Mahé, sur la côte de Malabar.

Dans l'Indo-Chine, la France possède la Cochinchine, dont le chef-lieu est Saïgon, et le royaume de Cambodge est placé sous le protectorat de la France.

112. Colonies d'Amérique. Depuis la cession du Canada et de ses dépendances aux Anglais (1763), la France ne possède plus au Canada que le droit de pêcher la morue sur le banc de Terre-Neuve, et les deux îlots de Saint-Pierre et Miquelon, pour faire sécher le poisson.

Dans les Antilles, nous avons la Martinique et la Guadeloupe, importantes possessions; les Saintes, avec une excellente rade; Marie-Galante, la Désirade et la moitié de Saint-Martin (1).

La *Martinique* a pour chef-lieu Fort-de-France; elle produit d'excellent café et du sucre. — La *Guadeloupe* a pour chef-lieu la Basse-Terre, et pour ville principale la Pointe-à-Pitre. Cette île produit du sucre et de l'acajou.

Dans l'Amérique méridionale, la France possède la *Guyane française,* chef-lieu Cayenne. On y a établi une colonie pénitentiaire, où l'on transporte une partie des condamnés aux travaux forcés.

113. Colonies de l'Océanie. La France possède dans le Grand océan : les *îles Marquises,* la *Nouvelle-Calédonie,* colonie pénitentiaire, et l'île de *Taïti,* chef-lieu Papeïti.

Population des colonies. La population des colonies françaises est d'environ 6 millions d'habitants.

§ 6. — DIVISIONS ECCLÉSIASTIQUES.

114. On compte actuellement en France et dans les colonies 18 archevêchés et 72 évêchés.

ARCHEVÊCHÉS.	ÉVÊCHÉS SUFFRAGANTS.
Aix	Ajaccio, Digne, Fréjus, Gap, Marseille, Nice.
Albi	Cahors, Mende, Perpignan, Rodez.
Alger	Constantine, Oran.
Auch	Aire, Bayonne, Tarbes.
Avignon	Montpellier, Nimes, Valence, Viviers.
Besançon	Belley, Nancy, Saint-Dié, Verdun.
Bordeaux	Agen, Angoulême, *Fort-de-France* (Martinique), *la Basse-Terre* (Guadeloupe), la Rochelle, Luçon, Périgueux, Poitiers, *Saint-Denis* (la Réunion).

---

(1) L'autre moitié de Saint-Martin est à la Hollande.

ARCHEVÊCHÉS.	ÉVÊCHÉS SUFFRAGANTS.

BOURGES.. Clermont, le Puy, Limoges, Saint-Flour, Tulle.
CAMBRAI... Arras.
CHAMBÉRY. Annecy, Moutiers ou Tarentaise, Saint-Jean
    de Maurienne.
LYON..... Autun, Dijon, Grenoble, Langres, Saint-
    Claude.
PARIS..... Blois, Chartres, Meaux, Orléans, Versailles.
REIMS..... Amiens, Beauvais, Châlons, Soissons.
RENNES... Quimper, Saint-Brieuc, Vannes.
ROUEN.... Bayeux, Coutances, Evreux, Séez (1).
SENS..... Moulins, Nevers, Troyes.
TOULOUSE. Montauban, Pamiers, Carcassonne.
TOURS..... Angers, Laval, le Mans, Nantes.

§ 7. — DIVISIONS MILITAIRES.

11. La France est divisée en 18 régions, qui servent chacune de territoire à un corps d'armée. Ces 18 régions territoriales ont pour chefs-lieux :

la 1re,	Lille,	la 10e,	Rennes,
la 2e,	Amiens,	la 11e,	Nantes,
la 3e,	Rouen,	la 12e,	Limoges,
la 4e,	le Mans,	la 13e,	Clermont,
la 5e,	Orléans,	la 14e,	Grenoble,
la 6e,	Châlons,	la 15e,	Marseille,
la 7e,	Besançon,	la 16e,	Montpellier,
la 8e,	Bourges,	la 17e,	Toulouse,
la 9e,	Tours,	la 18e,	Bordeaux.

---

(1) On prononce Sai.

TROISIÈME PARTIE

GÉOGRAPHIE DE LA TERRE-SAINTE

1. Noms. La Palestine a porté les divers noms de *Pays de Chanaan*, de *Terre-Promise*, de *Palestine*, de *Judée* et de *Terre-Sainte*.

2. Bornes. Elle est située en Asie, dans la Syrie, et était bornée : au Nord, par la Syrie ; à l'Ouest, par la Méditerranée et le pays des Philistins ; au Sud, par l'Arabie-Pétrée ; à l'Est, par le désert d'Arabie et de Syrie.

3. Montagnes. Les principales chaînes de montagnes de la Palestine sont les extrémités méridionales du Liban et de l'Anti-Liban. On y remarque les sommets du mont Carmel et du mont Thabor ; c'est sur cette dernière montagne que la tradition place la scène de la transfiguration de Notre-Seigneur.

4. Fleuves et lacs. La Palestine est un pays bien arrosé ; on y trouve un grand nombre de cours d'eau, dont le principal est le *Jourdain*. Ce fleuve coule du Nord au Sud, traverse le *lac de Génézareth*, appelé aussi *mer de Galilée* ou *lac de Tibériade* ; puis il se jette dans la *mer Morte* ou *lac Asphaltite*, dont les eaux contiennent une grande quantité de bitume ou asphalte.

5. Description de la Palestine. La Palestine

était une belle contrée, riche et fertile ; on en trouve dans la Bible la description suivante :

« Le Seigneur vous introduira dans une bonne terre, une terre pleine de ruisseaux, d'étangs et de fontaines, où les sources des fleuves répandent leurs eaux en abondance dans les plaines et le long des montagnes. C'est une terre de froment, d'orge et de vignes, dans laquelle naissent les figuiers, les grenadiers et les oliviers ; terre d'huile et de miel, où vous mangerez votre pain sans disette. »

6. Géographie avant Josué. Avant la conquête de la Palestine par Josué, la terre de Chanaan était habitée par divers peuples issus de Cham et qui s'appelaient :

Les Emathéens,	au Nord ;
Les Gergéséens,	
Les Amorrhéens,	à l'Est ;
Les Hévéens,	
Les Gébuséens,	au Sud-Ouest :
Les Arades,	
Les Sines,	
Les Ethéens,	
Les Samaréens,	à l'Ouest.
Les Phéréséens,	
Les Philistins,	

7. Les douze tribus. Lorsque Josué eut fait la conquête de la Terre-Promise, les peuples que nous venons de nommer furent détruits ou expulsés, et le pays fut partagé entre les diverses tribus d'Israël.

La Palestine fut alors divisée en douze tribus, savoir :

A l'Ouest du Jourdain :

La tribu d'Azer,
La tribu de Nephthali,

La tribu de Zabulon,
La tribu d'Issachar,
La demi-tribu de Manassé,
La tribu d'Ephraïm,
La tribu de Benjamin,
La tribu de Dan,
La tribu de Siméon,
La tribu de Juda.

A l'Est du Jouraain :

La demi-tribu de Manassé,
La tribu de Gad,
La tribu de Ruben.

8. Peuples voisins. Les peuples qui entouraient les Hébreux, et avec lesquels ils furent constamment en guerre, étaient :

Les Philistins,
Les Amalécites,   au Sud-Ouest ;
Les Iduméens,   au Sud ;
Les Madianites,   au Sud-Est ;
Les Moabites,
Les Ammonites,   à l'Est.

9. Royaume de David et de Salomon. Pendant le règne de David, les Hébreux étendirent leur domination sur presque toute la Syrie ; en effet, le royaume de David s'était agrandi, au Sud, de l'Idumée, et à l'Est et au Nord, de la Syrie.

10. Schisme des dix tribus. Après le règne de Salomon, les Hébreux perdirent les conquêtes de David, et le royaume se partagea, après le schisme des dix tribus, en deux royaumes :

Le royaume de Juda, composé des tribus de Juda et de Benjamin ;
Le royaume d'Israël, composé des dix autres tribus.

11. Divisions de la Palestine après la captivité. Plus tard, après le retour de la captivité, la Palestine présente de nouvelles divisions géographiques, qui existaient encore au temps de Notre-Seigneur. Ces divisions sont :

> La Galilée, au Nord-Ouest ;
> La Samarie, au centre ;
> La Judée, au Sud ;
> La Trachonite, au Nord-Ouest ;
> La Pérée, à l'Est.

12. Galilée. La Galilée était une grande plaine, fertile en blé et couverte de pâturages ; elle comprenait les territoires des tribus de Nephthali, d'Azer, de Zabulon et d'Issachar.

La Galilée est surtout importante dans l'histoire sainte par le séjour de Notre-Seigneur et par les prédications qu'il y fit. Ses principales villes étaient :

Sépharis ou *Diocésarée*, capitale de la province ; *Dan* ; *Béthulie*, qui fut assiégée par Holopherne et délivrée par Judith ; *Cana*, où Jésus-Christ fit son premier miracle ; *Capharnaüm*, sur le lac de Tibériade, où Notre-Seigneur résida longtemps ; *Nazareth,* où demeurait la sainte Vierge et où Jésus-Christ habita jusqu'à trente ans ; *Génézareth* ou *Tibériade ; Esdrelon,* dans une grande plaine, où Gédéon battit les Madianites et les Amalécites.

13. Samarie. La Samarie était une province montagneuse, mais fertile ; elle comprenait les territoires de la tribu d'Ephraïm et de la demi-tribu de Manassé, à l'Ouest du Jourdain.

Depuis la destruction du royaume d'Israël, les habitants de la Samarie étaient composés des débris des dix tribus schismatiques, et surtout de colons assyriens. On désignait tous ces peuples sous le nom de *Samaritains*; ils mêlaient l'idolâtrie au culte du vrai Dieu.

Les villes principales de la Samarie étaient :

Césarée (aujourd'hui Kaisarieh), résidence des gouverneurs romains ; *Samarie* (Sébaste), capitale du royaume d'Israël, détruite par Salmanasar et aujourd'hui en ruines ; *Sichem* (Naplouse), capitale des Samaritains ; *Mageddo*, où Néchao, roi d'Egypte, vainquit Josias ; *Endor*, où habitait la pythonisse qui évoqua l'ombre de Samuel devant Saül.

14. Judée. La Judée était, comme la Samarie, un pays montueux, mais fertile ; elle comprenait le territoire des tribus de Dan, de Siméon, de Benjamin et de Juda.

La ville principale de la Judée était :

Jérusalem, capitale des Hébreux et plus tard de la Judée ; cette ville est fameuse par le temple que Salomon y fit élever au vrai Dieu, et par les siéges qu'elle a soutenus. C'est à Jérusalem que Notre-Seigneur a été mis à mort par les Juifs et que se trouve son tombeau ; c'est dans les environs de Jérusalem que sont situés : le jardin des Oliviers, la montagne des Oliviers, le Calvaire et la vallée de Josaphat.

Les autres villes de la Judée étaient :

Jéricho, aujourd'hui Riha, qui fut la première ville de la Terre-Promise dont Josué s'empara ; *Bethléem*, où naquit Notre-Seigneur ; *Joppé*, aujourd'hui Jaffa, sur la Méditerranée.

15. Trachonite et Iturée. La Trachonite et l'Itu-

rée occupaient le territoire de la demi-tribu de Manassé, à l'Est du Jourdain.

16. Pérée. La Pérée était un pays riche en pâturages, qui comprenait le territoire des tribus de Gad et
de Ruben.

La ville principale était *Bostra*.

17. Idumée. L'Idumée était une partie de l'Arabie-
Pétrée qui se trouva liée au sort du royaume des
Juifs sous les derniers rois de la famille d'Hérode et
pendant la domination romaine. La ville principale
était *Petra*, aujourd'hui en ruines.

FIN.

TABLE DES MATIÈRES

VERSAILLES, IMP. CERF ET FILS, RUE DUPLESSIS, 59.